Inhalt

Prolog

Seit 2011 ist das Improtheater mein größtes und leidenschaftlichstes Hobby. Es begann damals alles bei einer Show, in der ein Arbeitskollege von mir mitgespielt hat. Das hat mich und ein paar andere Leute derart begeistert, dass wir noch am gleichen Abend eine eigene Improgruppe gegründet haben. Seitdem darf ich mich „Gründungsmitglied der Improvokanten" nennen. Toll, oder?

Eines Nachts durchschoss mich die Idee meine Erfahrungen einmal niederzuschreiben. In einer einfachen, praxisbezogenen und umgangssprachlichen Art. Ich richte mich mit dem „Improbook" vor allem an Einsteiger, aber auch an engagierte Hobbyspieler.

Wer noch nie etwas vom Improtheater gehört hat, wird sich an manchen Stellen vielleicht etwas schwertun und ein echter Profi wird hier vermutlich keinen Mehrwert finden. Falls doch, würde es mich natürlich brennend interessieren, wo ich einen neuen Impuls liefern konnte.

Zunächst aber erstmal Entschuldigung. Wir Improspieler sind eine große Familie und duzen uns daher in aller Regel immer sofort. Sollte sich aber dennoch jemand daran stören, dann bitte einfach jedes „du" gedanklich durch „sie" ersetzen. Problem gelöst.

Ebenfalls Entschuldigung, wenn ich keine gendergerechte Sprache verwende. Ich mag alle Menschen und es ist mit völlig egal ob sie sich als männlich, weiblich oder irgendwo dazwischen definieren. Der Einfachheit halber schreibe ich hier frei Schnauze. Es gilt das Gleiche wie oben. Einfach selbst im Kopf umformulieren. Ich bin damit einverstanden.

Apropos „frei Schnauze". Ich bin weder Theaterwissenschaftler noch Pädagoge, daher werde ich hier ganz bewusst einen recht einfachen Schreibstil beibehalten und nach Möglichkeit nicht mit hochtrabenden Fachbegriffen oder wichtig klingenden Denglisch-Kreationen um mich werfen. Manchmal lässt es sich jedoch nicht vermeiden. Lasst euch überraschen.

Wer schon mal einen Blick auf das Inhaltsverzeichnis geworfen hat, wird gesehen haben, dass es recht viele Kapitel gibt. Da es sich bei diesem

Werk aber nicht um einen Roman oder ein Tutorial handelt, bauen die Kapitel nicht aufeinander auf. Dafür gibt es immer wieder Querverweise.

Die Praxis steht bei mir an erster Stelle, daher versuche ich alles anhand von konkreten Beispielen zu verdeutlichen. Manche bleiben zum besseren Verständnis kapitelübergreifend gleich.

Ach ja, das ganze Improbook ist sehr subjektiv geschrieben. Es gibt, wie bei so vielen Dingen im Leben, auch beim Improspielen kein schwarz-weiß, sondern viele Schattierungen. Was ich gut finde, gefällt Anderen vielleicht nicht und umgekehrt.

Meine Standpunkte und Meinungen werde ich so gut wie möglich erklären und begründen. Niemand muss sich dem anschließen. Wenn sie zum Nachdenken anregen, dann bin ich schon zufrieden.

Struktur

Neben den schon angekündigten Querverweisen zu anderen Kapiteln werden euch immer wieder graue Kasten begegnen. Sie beinhalten zusätzliche Tipps und Tricks oder plakative Aussagen.

Manchmal verbirgt sich dahinter auch eine (Haus-)Aufgabe. Keine Sorge, sie werden nicht kontrolliert oder gar benotet. Es gibt allerdings auch keine Lösung dazu, da es im Improtheater kein Falsch gibt. Es soll also mehr eine Anregung zum weiterführenden Nachdenken sein.

Aufgeteilt ist das Improbook nach einem Einleitungskapitel in vier große Bereiche:

a) Eine gemeinsame Geschichte erzählen (Storytelling)
b) Den persönlichen Charakter entwickeln
c) Verschiedene Spielformate
d) Shows planen und aufführen

Doch nun halten wir uns an Goethe:
„Der Worte sind genug gewechselt, laßt mich auch endlich Taten sehn!“

Was ist Improtheater

Was genau ist eigentlich Improtheater? Da du dieses Buch in den Händen hältst, hast du sicher schon ein gewisses Vorwissen oder sogar schon praktische Erfahrungen sammeln können. Der Vollständigkeit halber hier die Definition, wie sie bei Wikipedia zu finden ist:

„Improvisationstheater (oft auch kurz Improtheater) ist eine Form des Theaters, in der dramatische Szenen ohne einen geschriebenen Dialog und mit weniger oder gar keiner vorbestimmten dramatischen Handlung dargestellt werden."

Klingt toll, oder? Stimmt natürlich auch, aber ist doch eine recht trockene Beschreibung, die vielleicht denen hilft, die wirklich gar keine Vorstellung von Improtheater haben. Außerdem passt sie auch immer, egal um welche Ausprägung im Improtheater es geht.

Ausprägung? Ja! Die Schwarz-Weiß-Analogie habe ich ja im Vorwort schon angesprochen. Es gibt Improgruppen, die sich auf bestimmte Themen fokussieren, zum Beispiel Frauen-Themen oder ein bestimmtes Genre usw. Es gibt aber auch Gruppen, die tatsächlich ein einziges zusammenhängendes Theaterstück spielen. Völlig improvisiert. Manche „Gruppen", bestehen nur aus zwei Personen und haben darum ihr Format entsprechend angepasst.

Das klassische Improtheater, so wie ich es verstehe, setzt sich aus einer Gruppe mit mindestens vier (besser mehr) Akteuren zusammen. Es werden dabei viele unterschiedliche, voneinander unabhängige, Szenen / Formate gespielt, die jeweils einer gewissen Grundregie (siehe Kapitel ‚Spielformate') unterliegen, aber inhaltlich natürlich vom Publikum vorgegeben werden. Es gibt keinerlei Spezialisierung (höchstens persönliche Präferenzen). Spieler beim klassischen Improtheater müssen also alles können. Der Fokus liegt sehr oft darin, dass es für das Publikum eine amüsante Show wird.

Vielleicht hast du auch schon mal die Beschreibung „Lust am Scheitern" gehört. Eigentlich kommt diese Beschreibung aus der Clownerie. Der Clown, der beim Gehen über seine eigenen Beine stolpert, sorgt durch seine Tollpatschigkeit für die Lacher beim Publikum. Sein Scheitern sorgt für die Lust beim Publikum.

Ein Clown kann auch durchaus beim Improtheater ganz nützlich sein, aber eigentlich sind Improspieler eher Schauspieler und die wollen das Publikum nicht durch ihr eigenes Scheitern unterhalten. Eher im Gegenteil. Die Herausforderung liegt darin eben nicht zu scheitern, egal wie unerwartet, verrückt oder außergewöhnlich die Vorgaben vom Publikum auch sind. Treffender ist für mich daher die Formulierung „Lust ein Scheitern zu vermeiden".

Ach ja, in diesem Improbook geht es um das klassische Improtheater, so wie ich es spiele.

Improtheater selbst spielen

Die meisten Menschen kommen mit dem Thema Improtheater erst dann in Berührung, wenn sie, mehr oder weniger zufällig, eine entsprechende Show sehen. Manche begeistern sich dabei derart, dass sie das auch selbst mal ausprobieren möchten. Nur die wenigsten gründen jedoch gleich eine eigene Gruppe.

Wo kann man sich also mal ausprobieren?

Mit etwas Glück hat man eine Volkshochschule in der Nähe, die so breit aufgestellt ist, dass sie auch Kurse zum Thema Improvisieren anbietet. Das ist die günstigste Möglichkeit, um einen strukturierten und didaktischen Einstieg zu bekommen.

Gibt es bei der VHS nichts in der Art, kann man nach Profigruppen in der Region suchen, die ihrerseits spezielle Kurse oder Workshops anbieten. Allerdings sind die meist deutlich teurer. Wenn sie selbst keine Kurse halten, sind sie zumindest in der Regel so gut vernetzt, um etwas vermitteln zu können.

Manchmal hat man auch bei Laiengruppen das Glück, dass dort entweder neue Spieler gesucht oder freie Trainings angeboten werden, zu denen praktisch jeder kommen kann.

Eine erste Anlaufstelle, um Gruppen in der Region zu finden, ist https://improwiki.com/de. Dort findet man eine internationale Liste von Improgruppen. Der Fokus liegt aber eindeutig im deutschsprachigen Raum und ist dort sogar nach Bundesländern gegliedert. Allerdings ist das Improwiki ein offenes System. Nicht selten sind dort auch Gruppen gelistet, die es gar nicht mehr gibt. Hier heißt es ein wenig „Try & Error“.

Ablauf eines Trainings

Jede Gruppe gestaltet ihre Trainingseinheiten individuell. Meistens beginnt man mit einer Aufwärmphase, gefolgt von themenspezifischen Übungen und gegen Ende spielt man dann typische Spielformate, die sich natürlich auch auf ein Trainingsziel fokussieren können.

Aufwärmphase

Flow an! (Treiben lassen)

Hier geht das darum den Kopf frei zu bekommen und sich zu öffnen für Spontanität. Besonders, aber nicht nur nach einem harten (Arbeits-)Tag ist das sehr hilfreich. Hier ein paar Vorschläge für solche Übungen

Klatschkreis

Alle stehen im Kreis und man klatscht sich abwechselnd zu. Am Anfang am besten reihum. Das macht es einfacher immer den gleichen Rhythmus einzuhalten und keine Pausen oder irgendwelche Geschwindigkeitsschwankungen entstehen zu lassen. Später kann man das auch wild durcheinander variieren und nach und nach das Tempo steigern. Bleibt möglichst immer im Flow.

Versucht euch demjenigen, dem ihr zuklatscht, immer zuzuwenden. Ihr gebt das Klatschen also immer bewusst an die nächste Person weiter. Genauso versucht das Klatschen auch respektvoll, also mit Zuwendung und Blickkontakt anzunehmen. Wird das Tempo höher, neigt man gerne dazu ungenau zu werden und die anderen Mitspieler nur aus dem Augenwinkel zu beobachten. Versucht immer im Kontakt zu bleiben, denn das ist später beim szenischen Spiel auch sehr wichtig.

Assoziationskreis

Der funktioniert ähnlich wie ein Klatschkreis, nur dass man sich hier Begriffe weitergibt und auf das jeweils erhaltene Wort ein dazu passendes assoziiert. Gebt jedes Wort mit einer eindeutigen Geste weiter. Dafür am besten mit der geöffneten Hand auf den Empfänger deuten, damit klar ist, an wen ihr euren Begriff weitergebt.

Versucht wirklich nur auf das letzte Wort zu assoziieren und nicht auf einen Begriff von vorher, zu dem euch vielleicht grade etwas einfällt. Wenn die Wortkette also zum Beispiel „Kuh“ > „Fladen“ > „Brot“ lautet, dann nennt einen Begriff, der euch zum Thema Brot einfällt, also vielleicht „Marmelade“ oder „Frühstück“. Wenn ihr „Stall“ oder „Schaf“ sagt, dann denkt und plant ihr vermutlich noch zu viel und reagiert eher auf die Kuh und nicht auf das Brot.

Ein-Wort-Geschichte

Und wieder steht ihr im Kreis, allerdings erzählt ihr nun gemeinsam eine Geschichte in der Ich-Form. Reihum ergänzt jeder ein Wort und so entstehen dann Sätze und letztlich eine komplette Geschichte. Nutzt die Betonung, um ein Satzende deutlich zu machen. Versucht grammatikalisch korrekt zu bleiben. Verzichtet auf zu viele Füllwörter, die die Story nicht voranbringen. Lasst inhaltlich etwas passieren, aber bleibt dabei trotzdem einfach und findet ein logisches Ende der Geschichte. Je besser sich die Gruppe kennt, umso runder läuft die Übung. Bei ersten Mal also nicht enttäuscht sein.

Gymnastik

Nicht nur das Gehirn, sondern auch der Körper sollte aufgewärmt und gelockert werden. Dazu kann man beispielsweise alle Gelenke / Körperteile nacheinander kreisen lassen. Den Fuß, das Bein ab dem Knie, den Finger, aber auch die Augen oder die Lippen. Bitte macht das im Kopf-, Hals- und Nackenbereich vorsichtig und langsam, um Verletzungen zu vermeiden.

Gerne könnt ihr auch noch andere Übungen aus dem Sportbereich machen, aber übertreibt es nicht. Es geht darum locker und beweglich zu werden und nicht, um sich beim Aufwärmen schon zu verausgaben.

Übungsphase

Wenn man einen professionellen Trainer hat, der die Gruppe kennt, dann kann der einschätzen, in welchen Bereichen eine Gruppe besonderen Übungsbedarf hat. Ist man dagegen auf sich allein gestellt, sollte immer einer der Gruppe das Training leiten. Das bedeutet derjenige macht sich Gedanken, was das Thema sein soll und überlegt sich dazu, wie man das am besten üben kann. Die Verantwortung mit jedem Training immer wieder rotieren, damit jeder einmal das Vergnügen hat und entsprechende Erfahrungen sammeln kann.

Anregungen für mögliche Themen findet ihr in den Kapiteln zum Storytelling und zur Charakterentwicklung zuhauf.

Hier ein Beispiel:

Charakterzüge / Gefühle üben
Geht durch den Raum. Ganz natürlich, wie ihr das im normalen Leben auch tut, also ohne eine Rolle zu spielen. Irgendwer ruft dann einen Charakterzug oder ein Gefühl und alle versuchen das dann während des Gehens darzustellen. Durch die Geschwindigkeit, durch Körperhaltung, durch Gesichtsausdrücke, durch Gestik. Beobachtet dabei auch eure Mitspieler, aber ohne groß mit ihnen zu interagieren.

Wenn man möchte kann man einen neutralen, banalen Satz in dem jeweiligen Gefühl sagen. Zum Beispiel: „Kühe fressen Gras". Ob verliebt, wütend, schüchtern, fröhlich, dieser eine Satz wird immer anders klingen.

Spielphase
Bei uns endet jeder Trainingstag mit einer Spielphase, in der wir bekannte Formate wiederholen oder uns neue beibringen oder sogar ausdenken. In der Regel spielen wir dann komplett frei, man kann aber auch vereinbaren, dass die Spiele sich ebenfalls aufs Thema fokussieren.

Geht es in der Trainingseinheit zum Beispiel um Stille (siehe Kapitel ‚Schweigen ist Gold'), kann man sich vornehmen bei jedem Spielformat darauf zu achten, möglichst wenig zu sprechen. Geht es um den Status (siehe Kapitel ‚Status') kann man ausmachen, dass in jeder Szene mindestens ein Statuswechsel vorkommen muss.

Seid kreativ und habt Spaß. Das ist das Wichtigste!

Storytelling

Was muss gegeben sein, damit uns eine Geschichte, ein Buch oder ein Film gefällt?

Übergreifend gesagt: Das Storytelling muss gut sein. Bleiben wir bei Kino-Filmen. Was macht einen guten Film aus?

1. Das Genre muss zu einem passen.
2. Es braucht Menschen (oder auch Tiere oder Maschinen) in der Hauptrolle (Protagonist/en), mit denen man sich identifizieren kann oder deren Gefühle man nachempfinden kann, aber auch einen Gegenkontrast dazu, sogenannte Antagonisten. Ein Antagonist kann aber auch ein Ding oder eine Umgebung sein. So kann der Antagonist eines Extrembergsteigers auch die Höhe oder die klimatische Widrigkeit sein.
3. Die Geschichte muss uns berühren. Spannend, lustig, gruselig, fantasievoll und unbedingt abwechslungsreich sein. Das ist teilweise natürlich stark vom Genre abhängig. Es muss aber immer etwas in der Geschichte passieren.
4. Die Geschichte sollte ein Ende haben. Eine Auflösung oder auch mal ein offenes Ende als Stilmittel.

Punkt 1, also das Genre, spielt für die Qualität eines Filmes nur eine untergeordnete Rolle. Wer keinen Horror mag, dem gefallen entsprechende Filme auch nicht, egal wie gut sie gemacht sind. Normalerweise schaut man sich einen solchen Film dann auch gar nicht erst an.

Wir reden im Storytelling daher nur über die Punkte 2 bis 4.

EIS

Was brauchen wir also für eine gute Geschichte? Bzw. was fehlt, wenn uns etwas nicht gefällt? EIS! Ok, ich gebe es zu, EIS ist eine Abkürzung, die ich mir ausgedacht habe, für den zentralen Grundsatz im Storytelling und steht für:

Establishing, **I**rritation, **S**olution

Oder vereinfacht auf Deutsch: Einführung, Inhalt, Schluss.

Also nochmal. Warum gefallen uns manche Geschichten nicht? Gehen wir wieder ins Kino und schauen wir uns einen Film an, der uns nicht gefällt. Was geht uns da vielleicht durch den Kopf? Außer natürlich, dass ich Geld aus dem Fenster geworfen habe, sind das bei mir im Wesentlichen drei Gedanken:

a) Worum geht's eigentlich? Ich kapier nix. :-(
b) Laaaangweilig, wann passiert denn endlich mal was?
c) Oje, das zieht sich aber ganz schön *gähn*

Die erste Aussage trifft man immer dann, wenn auf der Leinwand zwar etwas passiert, aber man gar nicht recht weiß, wer die Personen sind, die da auftreten, was ihre Rollen sind und in welchem Verhältnis sie zueinanderstehen.

Zur zweiten Erkenntnis kommt man, wenn ein Film zwar vielversprechend begonnen hat, aber dann irgendwie nichts mehr Spannendes, Lustiges oder Interessantes passiert. Es plätschert also nur so vor sich hin.

Wer nur den dritten Gedankengang kennt, der hat insofern Glück gehabt, dass es bis aufs Ende ein toller Film war, der aber nun irgendwann mal zu Ende gehen könnte. Ich habe schon Filme gesehen, bei denen dachte man: „Super Film, das war's" und dann ging es urplötzlich doch nochmal weiter, was den Gesamteindruck letztlich dann vermiest hat.

Schauen wir uns die drei Phasen einer Geschichte einmal näher an.

Establishing/Einführung

„Worum geht's eigentlich? Ich kapier nix :("

Wer eine Geschichte liest oder sich einen Film ansieht, möchte doch wissen worum es geht und wer die Menschen sind, von denen da gleich zu Beginn gesprochen wird. Was in einem Buch oder in einem etwa 2 Stunden dauernden Film auch später noch aufgelöst werden kann und daher manchmal als Stilmittel bewusst verwendet wird, funktioniert auf der Improbühne kaum. Dort dauern komplette Szenen ggf. nur ein paar Minuten. Da muss der Zuschauer schneller wissen worum es geht.

Viele Trainer bringen einem daher bei, am Anfang möglichst die drei Fragen „Wer", „Wo" und „Was" zu beantworten.

Wer?

Diese Fragestellung führt bei uns Hobbyspielern leider oft dazu, dass man sich zu Beginn zwanghaft irgendwelche seltsamen Namen gibt. Ich weiß nicht, wie es euch damit geht, aber ich vergesse diese Namen oft sehr schnell. So scheint es auch anderen zu gehen, ich habe es selbst schon erlebt, wie in einer Szene aus ein- und der gleichen Person namens Annemarie erst eine Anna und später sogar eine Andrea wurde. Nun ja. Schon der olle Goethe sagte in Faust: „Namen sind nur Schall und Rauch"

> Geht mal in euch, versucht euch Situationen vorzustellen, in denen ihr mit euren Freunden zusammen seid. Wann nennt ihr sie beim Namen?

Ich weiß, es gibt Menschen bzw. Charaktere, die dazu neigen ihren Gegenüber immer wieder beim Namen zu nennen. Sicher gibt es irgendwelche psychologischen Auswirkungen eines solchen Handelns, aber natürlich wirkt es auf mich jedenfalls nicht.

Klar macht es manchmal auch Sinn, sich konkrete Namen zu geben, vor allem wenn die Szene in einem beruflichen Umfeld spielt. Zum Beispiel Big Boss und kleiner Untergebener. Durch „Jawohl Herr Huber", „Natürlich Herr Huber" oder „Aber gerne, Herr Huber", drückt man Unterwürfigkeit aus (siehe Kapitel ‚Status').

Auch zwischen Kunde und Dienstleister sind Namen durchaus geläufig. Dann ist es eine Form von Höflichkeit, bei der es aber auch Ausnahmen gibt. Bei wem von euch stellt sich zum Beispiel der Friseur namentlich vor? Bestenfalls begrüßt er euch mit Namen, wenn ihr einen Termin ausgemacht habt. Also echte Namen nur vergeben, wenn ihr das im echten Leben auch tun würdet, ohne dass es zwanghaft oder aufgesetzt wirkt.

Oft entstehen solche Formulierungen: „Hallo, schön, dass du da bist" ... Denkpause ... Ach ja, Namen nennen ... Denkpause ... „Maria". Für mich klänge die Begrüßung so natürlicher: „Hallo Maria, schön, dass du da bist."

Wo?

Jede Szene spielt irgendwo. Bitte! Wenn euch das Publikum als Vorgabe sagt, wo die Szene spielt, dann erwähnt das nicht nochmal, denn das Publikum und alle Spieler wissen das bereits.

> Generell sollte man die Vorgaben des Publikums nie in der Szene erwähnen.

Geht nochmal in euch. Stellt euch vor ihr seid auf einem Volksfest und ihr begegnet dort zufällig einem Nachbarn. Wie würde dieses Aufeinandertreffen ablaufen? Wenn ihr so höfliche Umgangsformen wie ich habt, dann begrüßt ihr ihn sicher namentlich. In diesem Fall ist das (für mich) also eine natürliche Namensnennung.

Aber würdest du Folgendes, genau auf diese Art formuliert, zu einem Nachbarn sagen, den du auf einem Volksfest triffst: „Hallo, das ist ja eine tolle Überraschung, dass ich sie hier auf diesem Volksfest treffe, Herr Huber." Ja? Sei ehrlich!

Ich würde es nicht tun, ich würde das in der Realität eher so formulieren: „Hallo Herr Huber, das ist ja eine tolle Überraschung, dass wir uns hier treffen." Sowohl Herr Huber als auch ich wissen, dass wir auf einem Volksfest sind. Den Namen würde ich gleich am Anfang nennen und nicht hinten anhängen. Wenn das Volksfest die Vorgabe vom Publikum war, ist es auch dem Publikum klar, was mit „hier" gemeint ist.

Wenn nicht, also wenn man das Volksfest als eigene Idee erst gegenüber dem Mitspieler und dem Publikum etablieren will/muss, dann kann man das auch dadurch tun, dass man die Umgebung in einem Folgesatz mittels einer Behauptung kurz beschreibt (siehe Kapitel ‚Scenepainting').

Beispiel: „Hallo Herr Huber, das ist ja eine tolle Überraschung, dass wir uns hier treffen. Haben Sie schon die neue Achterbahn da drüben, die mit dem Doppellooping, ausprobiert? Die war echt heftig. Mir ist schon ganz flau im Magen und ich muss jetzt erstmal ins Zelt, um mich bei einem Grillhähnchen zu stärken."

Schon wissen alle was gemeint ist und der Dialog ist aus meiner Sicht realitätsnäher.

Was?

Die Frage nach dem „Was" ist, meiner Meinung nach, die Wichtigste, aber dabei meist auch am einfachsten zu beantworten. Das Publikum (und natürlich auch die Mitspieler) müssen wissen in welchem Verhältnis man zueinandersteht. Oftmals wird die Frage „Was" schon durch die Frage „Wer" beantwortet, bzw. umgekehrt.

> Fragen bringen eine Geschichte oft nicht voran, sondern wälzen nur die eigene Verantwortung ab.

Kommen wir nochmal auf das Beispiel mit Hr. Huber und dem Volksfest zurück. Wir wissen anhand der förmlichen Begrüßung und des Siezens, dass es kein sehr nahestehender Bekannter ist. Andererseits besteht wohl auch eine gewisse Vertrautheit. Einem förmlichen Geschäftskontakt würden wir vermutlich nicht erzählen, dass uns schlecht von der Achterbahn geworden ist. Aber sonst fehlt uns doch eindeutig noch die Info, dass dieser Herr unser Nachbar ist. Was tun?

Man könnte ihn fragen, warum er seinen Hund nicht mitgebracht hat, weil vielleicht nur ein Nachbar diese Info kennt. Aber reicht das? Nicht unbedingt, aber es könnte sich im weiteren Dialog verfestigen, außer der Mitspieler hat eine andere Vorstellung der Beziehung und stellt dann eigene Behauptungen auf, die der eigenen Idee widersprechen.

Das ist übrigens völlig valide. Nur weil wir hier in dem Beispiel einem einzelnen Spieler die Macht geben die ganze Einführung zu gestalten, kann das in der Praxis natürlich komplett anders verlaufen. Weil wir das Setting nicht vollständig definiert haben, kann es sein, dass der Mitspieler eben dann die entsprechende Beziehung etabliert. Vielleicht wird aus dem Herrn Huber dann doch ein Arbeitskollege – auch gut.

Aber wir wollen ja hier im Beispiel, dass es ein Nachbar ist. Wie wäre es denn dann, wenn wir ihn nicht mit Hr. Huber begrüßen, sondern, wie es hier bei uns im Dorf gang und gäbe ist, mit „Hallo Herr Nachbar, das ist ja eine tolle Überraschung, dass wir uns hier treffen [...]"
Nun fehlt zwar wieder der Name, aber ist der wirklich entscheidend für die Geschichte? Ich finde nicht.

Zusammenfassung Establishing

Alle drei Fragen sind nun im Rahmen eines natürlichen Dialogs (zugegeben, in dem Fall ist das eher ein Monolog, aber das soll hier jetzt keine Rolle spielen), wie er in der Realität auch vorkommen könnte, geklärt. Establishing/Einführung in 3 Sätzen abgeschlossen.

Fassen wir nochmal kurz zusammen. „Wer" und „Was" liegen oft sehr nahe beieinander. Habe ich eine Beziehung etabliert, dann weiß das Publikum meist auch wer da gerade spielt. Das „Wo" kann man durch einen beschreibenden Satz erklären.

Übrigens: Das geht bei manchen Settings auch ganz ohne Worte. Beispiel: Spieler A setzt sich auf einen Stuhl, Spieler B stellt sich dahinter und deutet das Schneiden von Haaren an oder das Waschen des Kopfes. Schon ist klar, dass man sich in einem Friseursalon befindet und der Friseur einen Kunden bedient... ganz ohne Worte in wenigen Sekunden. (siehe Kapitel ‚Schweigen ist Gold')

Es ist aber nicht das Ziel eine möglichst kurze Einführungsphase zu spielen. Die ideale Dauer gibt es nicht, da es immer auch vom Format und von der Gesamtdauer der Szene abhängt. Je länger, um so detaillierter kann man auch das Establishing gestalten. Mit mehr Gefühlen, mehr Details etc. Je mehr Inhalt etabliert wird, umso mehr Ansatzpunkte gibt es, um im Hauptteil eine Irritation zu erzeugen.

Irritation/Inhalt

„Laaaangweilig, wann passiert denn endlich mal was?"

Da hat man nun ein Setting etabliert, doch wie soll es weitergehen? Irgendetwas muss passieren. Etwas, das das zuvor Etablierte stört. Ein Zwischenfall, ein Problem, ein unerwartetes Ereignis oder Ähnliches.

Jetzt kommt es wirklich auf die eigene Kreativität an. Bleiben wir bei unserem Beispiel. Wir stehen da also mit unserem Nachbarn, dessen Namen wir schon wieder vergessen haben, mitten auf dem Volksfestplatz. Was könnte passieren?

Keine Idee? Dann kurzes innerliches Brainstorming zum Thema Volksfest: Achterbahn, Bierzelt, Bier, Schießbude, Lärm, Kinder, Betrunkene. STOPP! Mehr Zeit für ein Brainstorming ist nicht drin. Jetzt muss was passieren. Schnell, denn sonst denkt das Publikum wir können nichts. Es muss eine Idee her, am besten etwas ganz Ausgefallenes mit dem niemand rechnet, damit es extra lustig wird.

STOPP! Nein! Das ist kein Improvisieren. Das ist planen, ausdenken. Das macht es einem nur schwer, vor allem dem Mitspieler, der an all unseren Gedanken ja nicht teilnehmen kann. Außer vielleicht in einem Mystery- oder Science-Fiction-Genre, in dem Gedankenlesen etabliert wurde. Ach so, wurde es ja in unserem Fall nicht.

Also nochmal. Da stehen zwei Nachbarn auf dem Volksfestplatz. Moment. Der Eine fühlt sich ja nicht so wohl nach der wilden Achterbahn. Da kann man doch ansetzen. Zum Beispiel könnte man vorschlagen gemeinsam ins Bierzelt zu gehen. Geht, aber wirklich passieren tut da auch erstmal nichts. Aber vielleicht bringt dann der Mitspieler eine Idee rein und es entwickelt sich daraus etwas. Der Mitspieler steht schließlich vor dem gleichen Problem wie wir.

Vielleicht war die Achterbahn so heftig, dass dem einen Spieler schlecht wird und er sich auf die Schuhe des Nachbarn übergeben muss. Das ist doch gut. Action, die man ohne viele Worte darstellen kann und die das nachbarschaftliche Verhältnis zumindest temporär belastet.

Zu heftig? Andere Variante, wenn einem nichts einfällt: Nehmt euch einen Moment die Zeit und schaut euch um. Schaut euren Mitspieler an.

Vielleicht hat er einen Fleck oder Krümel auf seinem Oberteil, dann macht vielleicht einen Vogelschiss daraus, den ihr gemeinsam beseitigen wollt.

Erschafft irgendein Problem, egal wie klein das im ersten Moment erscheinen mag. Größer kann man es gemeinsam immer machen. Zum Beispiel kann der kleine Vogelschiss beim Versuch ihn abzuwischen zu einem riesigen Fleck werden, der das Sakko völlig verschandelt, das der liebe Herr Meier (oder hieß er Huber?) trägt, weil er sich eigentlich mit seiner Traumfrau treffen wollte (siehe Kapitel ‚Da geht noch mehr').

Solution/Schluss

„Oh man, das zieht sich aber ganz schön *gähn*"

Oft ist es so, dass sich die Improspieler denken, sie hätten noch nicht genug geleistet, dem Publikum noch nicht genug dargeboten. In der Folge neigt man dann dazu, Geschichten (unnötig) zu verkomplizieren.

> Keep it simple! Oft ist die einfachste Lösung auch die beste.

Wenn die missliche Lage von Hr. Huber auf die Spitze getrieben wurde… was dann? Wieder ein neues Problem aufbringen? Was diesmal? Kann man das vorherige Problem überhaupt nochmal so toppen, dass es das Publikum weiter fesselt? Denn wenn das nicht gelingt stellt sich schnell ein leichtes Genervt sein ein. Beim klassischen Improtheater steht ja meist auch schon das nächste Spiel auf der Agenda, darum sollte man das jetzt nicht noch weiter in die Länge ziehen. Wie heißt es so schön: Man soll aufhören, wenn es am schönsten ist. Auch die Redewendung „kurz und knackig" ist sehr wahr.

Ihr habt eine komplette Geschichte erzählt, die beiden Protagonisten etabliert, der Antagonist (der Vogel) hat für eine Irritation gesorgt und jetzt fehlt eben nur noch das unvermeidliche Ende. Also: Schluss machen! Nicht mit Hr. Huber, aber mit der Szene, und zwar auf eine elegante Art und Weise.

Der Satz „Schön, dass wir uns getroffen haben, bis bald", wäre doch ein etwas abruptes, seltsames und plumpes Ende in dieser Situation. Vor allem, nachdem man eben noch gemeinsam um das Überleben des

Sakkos, von dem wiederum das zukünftige Liebesleben des Nachbarn abhängt, gekämpft hat. Das schweißt doch zusammen.

Eine gute Möglichkeit eine Szene zu beenden ist daher das entstandene Problem irgendwie zu lösen. (Darum ist Solution die bessere Beschreibung für das „S“ in EIS). Das Ende muss übrigens nicht zwingend immer ein Happy End sein. Im Gegenteil. Vielleicht geht es nur für einen von beiden gut aus, vielleicht für keinen.

Folgende Enden fallen mir spontan ein:

- Herr Huber erinnert sich, dass sein Sakko ein Wende-Sakko ist. Einmal umgedreht ist der Fleck weg und alle sind happy
- Die beiden Nachbarn tauschen ihre Sakkos, so dass zumindest das Date gerettet ist
- Herr Huber regt sich so stark auf, dass er einen Herzinfarkt bekommt und stirbt (Vorsicht: Das ist noch nicht das Ende der Szene. Danach sollte vom Überlebenden noch ein abschließender Satz kommen, wenn er plötzlich wieder allein auf dem Volksfest ist).
  Die Folgegeschichte, wie Hr. Huber evtl. vom Notarzt abgeholt wird etc. ginge viel zu weit und hat auch nichts mehr mit dem Volksfest zu tun.
- Herr Huber schreibt sein Date ab und beide gehen ein Bierchen trinken
- Das Date von Hr. Huber taucht auf und hat selber einen Vogelschiss und die beiden gehen „beschissen“, aber lachend ab (Vorsicht: Hier muss dann auch wirklich noch eine Person auf die Bühne, die das Date spielt und auch hier braucht es dann noch einen abschließenden Satz vom Zurückgebliebenen.)

Zusammenfassend ist zu sagen, dass das Lösen der Irritation ein elegantes Ende der Szene einleitet, die durch einen speziellen pointierten Schlusssatz endgültig beendet wird.

Zusammenfassung EIS

Jede Geschichte, egal in welchem Spielformat sie erzählt wird, braucht eine Einleitung, einen Hauptteil und einen Schluss. Zuerst muss man dem

Publikum veranschaulichen wer mit wem was auf der Bühne zu tun hat. Einfach, klar und zunächst, ohne irgendwelche Probleme aufzubringen. Für diese bietet der Hauptteil genug Zeit. Erschafft ein Problem, macht es größer und findet, um die Szene zu beenden, eine Lösung für das Problem.

In den folgenden Kapiteln möchte ich euch noch ein paar Techniken vorstellen, mit denen man einer Szene noch mehr Leben und Fülle verleihen kann.

Status

So kurz das Wort auch ist, so kraftvoll und effektiv wirkt sich der Status auf eine Szene aus, denn jeder Mensch hat in einer Gruppe immer einen Status, den er gegenüber den anderen auslebt.

Da gibt es einerseits den Tiefstatus, was bedeutet, dass man eher der unterlegene, unterwürfige, schwächere Typ ist. Auf der anderen Seite gibt es den Hochstatus, bei dem man seine Macht und Überlegenheit demonstriert.

Spannend und interessant wird es dann für das Publikum, wenn sich der Staus einer Person innerhalb einer Szene verändert.

So weit, so gut. Woran erkennt man seinen eigenen Status und viel wichtiger, wie kann man ihn verändern?

Der eigene Status zu Beginn hängt sehr stark von der Rolle ab, die man spielt. So haben bestimmte Berufsgruppen meist einen hohen Status. Zum Beispiel Polizisten, Richter, Lehrer gegenüber Schülern, Eltern gegenüber Kindern, etc.

Fallen euch noch mehr Berufe mit einem hohen Status oder welche mit einem eher tiefen Status ein?

Manchmal lässt auch die Lebensweise oder der Kleidungsstil auf einen hohen Status schließen. Das kann allerdings auch täuschen. Wenn zum Beispiel zwei gleichwertige Arbeitskollegen nebeneinander stehen und der Eine trägt Jeans und Shirt, während sich der andere in einem feinen Zwirn mit Krawatte kleidet, neigt ein Außenstehender dazu, den Schlipsträger als wichtiger, stärker, einflussreicher einzuordnen.

Kleider machen (leider immer noch) Leute. Ob das in der Realität auch wirklich so ist, kann eigentlich niemand wissen. Vielleicht stellt sich im Laufe der Szene heraus, dass der eher leger Gekleidete ein Genie ist und der andere ein (verzeiht den Ausdruck) Arschkriecher. Schon haben wir auch einen Statuswechsel.

Es kommt auch immer wieder vor, dass die Spieler zu Beginn einer Szene erstmal einen recht ähnlichen Status haben, sich also im

Gleichstatus befinden, der sich aber dann im Verlauf ändern kann. Vielleicht sogar mehrmals.

Und das ist auch genau der Punkt wo man ansetzen kann, um eine Geschichte interessant zu machen, ihr eine unerwartete Wendung zu geben, das Publikum zu überraschen und damit zu fesseln.

Schauen wir uns nochmal das Beispiel der beiden Nachbarn auf dem Volksfest an. Als sie sich treffen haben beide einen ähnlichen Status. Vielleicht ist der von Hr. Huber einen Tick höher, da er ja offenbar ein Sakko trägt und sich auch sonst für sein Date herausgeputzt hat, während dem anderen übel von der Achterbahn ist, er also gesundheitlich leicht angeschlagen ist.

Dieser Status änderte sich jedoch schnell, als das verschmutzte Sakko in den Mittelpunkt gerückt ist. Panik und Peinlichkeit drücken Herrn Huber in einen niedrigeren Status, während der Helfer zum Retter und persönlichen Superhelden wird und dadurch einen hohen Status bekommt. Je nachdem für welches Ende man sich entscheidet, kann sich das wieder auspendeln.

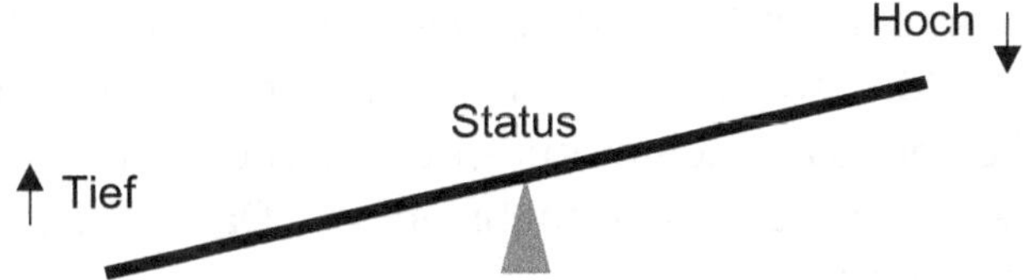

Auspendeln ist dabei das Stichwort. Denn wenn ein Spieler einen hohen Status bekommt, während der andere in einen niedrigeren abgleitet, dann spricht man auch von einer Statuswippe.

Wie kann man nun seinen eigenen und den Status des Mitspielers beeinflussen?

Jemanden in den Hochstatus zu heben ist relativ einfach. Man lobt ihn beispielsweise, während man sich selbst eingesteht etwas nicht so gut zu können: „Ohne deinen hervorragenden Orientierungssinn wäre ich hoffnungslos verloren.“ Umgekehrt könnte man seinen eigenen Status gegenüber dem Mitspieler hochwippen lassen in dem man zum Beispiel so etwas sagt: „Lass mich das mal lieber machen, bei dir wird das nie was.“

Auch Gegenstände bzw. Besitztümer können einen höheren Status verdeutlichen: „Mein Haus, mein Auto, mein Boot“

> Fallen dir noch mehr Möglichkeiten ein, um deinen oder den Status deines Mitspielers „wippen“ zu lassen?

Dieses Statuswippen kann innerhalb einer Szene mehrmals vorkommen. Oft reicht schon ein kleines, vielleicht nur subtiles Wippen, um eine merkbare Veränderung der Geschichte zu erzielen. Manchmal kann es aber auch Sinn (oder zumindest Spaß) machen brachial vorzugehen.

Angenommen ein Angestellter hat ein Gespräch bei seinem Chef, der dabei ist, ihm die Kündigung auszusprechen. Hoch- und Tiefstatus sind in diesem Moment jeweils extrem ausgeprägt und die Situation scheint für den Angestellten nahezu aussichtslos zu sein. Doch jetzt sagt er seinem Chef, dass er seit längerem ein Verhältnis mit dessen Frau hat und das öffentlich machen wird. Dem Chef wird die Kinnlade runterklappen und er wird versuchen seinen Angestellten zu besänftigen und die Kündigung vielleicht sogar widerrufen.

Vorsicht bei so brachialen Methoden. Die sind zwar ab und zu mal ganz lustig und sorgen für Lacher beim Publikum, aber oft sind sie gleichzeitig unrealistisch. Zuviel davon kostet euren Szenen die Glaubwürdigkeit und kommt auch beim Publikum nicht mehr gut an. Das richtige Maß ist hier, wie so oft im Leben, der ideale Weg.

Übung

Für die Statuswippe gibt es eine schöne Übung: Zwei Spieler stehen sich gegenüber und einer hat einen Gegenstand in der Hand, zum Beispiel einen Ball. Derjenige mit dem Ball hat immer den Hochstatus, der andere entsprechend den Tiefstatus.

Nun spielt man eine kurze Szene und derjenige im Tiefstatus hat die Aufgabe den Ball zu bekommen. Nicht durch Wegnehmen, sondern dadurch, dass er es schafft seinen eigenen Status anzuheben bzw. den des Gegenübers zu senken. Ob es gelingt entscheidet der Spieler im Hochstatus, in dem er den Ball übergibt. Dann geht es mit umgekehrten Status-Rollen weiter.

Wichtig: Der Spieler im Hochstatus sollte auch gewillt sein, seinen Status abzugeben, auch ohne, dass man zu den brachialen Methoden greifen muss. Es soll kein Wettstreit entstehen, wer es besser schafft seinen Status zu verteidigen, sondern eine Übung, um zu lernen, wie man sich einen anderen Status erkämpfen kann, aber auch um zu erkennen, wann man seinen Hochstatus aufgeben sollte.

Advance vs. Extend

Die Übersetzung erklärt schon, warum das etwas damit zu tun hat, wie man Szenen und Geschichten erzählt:

1. Advance: voranbringen
2. Extend: erweitern

Lasst uns mal den Fernseher anschalten. Im ZDF läuft grade ein Rosamunde Pilcher Film. Ihr verdreht die Augen? Macht nichts, denn es ist ein wunderbares Beispiel für Extend.

Es passiert durchaus etwas in diesen Filmen, aber gefühlt wird stundenlang beschrieben, wie sich Himmel, Wolken, Felder, Wiesen an die Küsten Cornwalls schmiegen. Das ist Extend par excellence. Die Darstellung oder Beschreibung der aktuellen Örtlichkeit, aber auch die ausdauernde und detaillierte Zurschaustellung von Emotionen und Beziehungen.

Schnell umschalten. Oh. Da läuft „Stirb langsam: Jetzt erst recht“. Der dritte Teil, in dem Bruce Willis zusammen mit Samuel L. Jackson während einer Schnitzeljagd quer durch New York wie immer alles Böse besiegen. Ein schönes Beispiel für Advance. Hier passiert ständig etwas Neues, eine Aktivität reiht sich an die Nächste. Ja, es gibt auch hier Örtlichkeiten, Beziehungen und Gefühle, denen Platz eingeräumt wird, aber wichtiger ist doch eindeutig die Handlung.

Die ideale Mischung von Extend und Advance ist entscheidend!

Advance bringt die Handlung voran, während Extend dem Ganzen Tiefe verleiht. Advance beschleunigt eine Geschichte, Extend verlangsamt sie.

Mal angenommen man fährt mit dem Zug von A nach B. Wenn der Zug jetzt alle paar hundert Meter anhalten würde, kann man sich zwar die Gegend anschauen, aber irgendwann wird's doch langweilig und eintönig und man kommt ewig nicht am Ziel an. Wenn Der Zug dagegen ohne Zwischenstopp von A nach B durchrauscht ist das auch nicht spannender, man ist einfach nur schneller am Ende. Die Mischung macht's also.

Was von beidem mehr Raum in einer Geschichte bekommt ist zum einen natürlich Geschmackssache, zum anderen aber auch abhängig von Vorgaben und/oder Genre.

> Geht mal verschiedene Genres durch. Wie hoch würdet ihr da jeweils die Advance- und Extend-Anteile einschätzen?

Eine Szene auf einem Volksfest oder im Genre Action bietet naturgemäß viel mehr Möglichkeiten etwas aktiv zu unternehmen und zu erleben. Lautet die Vorgabe Friedhof oder Romanze, wird alles etwas stiller, langsamer, emotionaler, beschreibender.

Übung

Es gibt eine schöne Übung, die einem ein Gefühl dafür gibt, wann eine Geschichte mehr Extend braucht bzw. wann ihr ein Advance guttun würde.

Zwei Spieler stehen sich gegenüber. Einer erzählt nach einer Vorgabe eine Geschichte und der andere Spieler steuert die Geschichte in dem er nach Gefühl „Advance“ oder „Extend“ ruft. Der Erzähler muss das sofort berücksichtigen.

> Lasst den Erzähler nicht verhungern. Eine Geschichte zu 100% im Extend wird ihr Ende erst dadurch finden, dass dem anderen Spieler die Ideen ausgehen.

Als Beispiel spiele ich euch mal mit meinem Alter Ego die Übung durch. Vorgabe soll sein: „Weihnachtsbaum aufstellen“.

„Es ist der 24. Dezember und ich habe immer noch keinen Weihnachtsbaum. Jetzt wird es höchste Zeit. Schnell springe ich in mein Auto und düse zum nahegelegenen Weihnachtsmarkt. Dort gibt es eine akzeptable Auswahl an Bäumen. Ich sehe mir mehrere an und entscheide mich dann für den Schönsten.“

„Extend“ -> „Er hat perfekte Proportionen. Die Äste sind gleichmäßig verteilt und sehr symmetrisch angeordnet. Darauf lässt sich der Weihnachtsschmuck perfekt drapieren. Auch die Spitze zeigt kerzengrade in den winterlichen Sonnenhimmel.“

„Advance“ -> „Ich lasse mir den Baum in ein Netz einpacken und verstaue ihn auf dem Dach meines Wagens. Etwas langsamer fahre ich damit nach Hause. Ich befreie ihn von seinem Netz und…“

„Extend“ -> „...nehme dafür die Küchenschere. Die ist schon lange in meinem Besitz und nicht mehr die Schärfste, aber sie hat einen grünen Griff und das ist selten, daher kann ich mich nicht wirklich von dieser Schere trennen. Ich mag sie einfach, vielleicht aus nostalgischen Gründen, weil sie mir schon viele treue Dienste geleistet hat.“

„Advance“ -> „Nachdem das Netz vom Baum entfernt ist, stelle ich ihn erstmal auf die Terrasse, damit er sich etwas erholen kann. Währenddessen hole ich aus dem Keller die Schachteln mit dem ganzen Schmuck.“

„Extend“ -> „Ich habe Kugeln in vier verschiedenen Farben. Goldene, Rote, Blaue und sogar Pinke. Pink hat sich meine Frau gewünscht. Bezüglich Farben entspricht sie nun mal dem typischen weiblichen Klischee. Darum liebe ich sie so sehr. Lametta mag sie nicht so gerne. Ich aber auch nicht. Lieber ein paar von den selbstgebastelten Figuren. Das verleiht dem Baum etwas Persönliches.“

„Advance“ -> Der Weihnachtsschmuck ist im Wohnzimmer, den Baum hole ich nun auch herein, stelle ihn in den Ständer, gieße etwas Wasser rein und fange an ihn zu schmücken. Da er so hoch ist, brauche ich für die Spitze sogar einen Stuhl, von dem ich fast herunterfalle. Aber schließlich ist es geschafft und der Baum steht in seiner vollen Pracht vor mir. Weihnachten kann losgehen“

ENDE

Scenepainting / Szenenmalerei

> Unsere Leinwand ist die Bühne und unser Pinsel ist der Körper.

Der Begriff Szenenmalerei kommt eigentlich aus der griechischen Antike zur Zeit des Dichters Sophokles und beschreibt das Malen bzw. Ausschmücken von Bühnen, um die Atmosphäre eines Theaterstücks besser darzustellen.

Nun haben es wir Improspieler aber nicht so leicht, denn wir wissen nicht was wir tun. Wir haben keine Ahnung, was uns auf der Bühne erwartet, was das Publikum von uns verlangt und worum es in unseren Geschichten gehen wird. Darum können wir auch keine Bühnenbilder malen und darum haben wir in der Regel auch keinerlei Requisiten.

Die Szenenmalerei muss bei uns also etwas anders aussehen. Wir gestalten mit unseren Körpern die Bühne. Wir etablieren Gegenstände, Möbel, Regale, Schränke, Schubladen, Tische usw. Dafür braucht es ein gewisses räumliches Vorstellungsvermögen, etwas pantomimisches Geschick und die Fähigkeit sich innerhalb einer Szene zu merken, wo welcher Gegenstand steht und vielleicht auch wie er funktioniert.

Viele Anfänger zaubern gerne irgendwelche Requisiten aus der Luft. Sie wollen etwas zerschneiden und urplötzlich haben sie eine Schere in der Hand. Oder umgekehrt. Es wird der Raum gefegt und dann kommt jemand hinzu, den man mit Handschlag begrüßt. Und der Besen? Verschwindet der wirklich ganz plötzlich im Nichts, bis man ihn bei Bedarf wieder in der Hand hält?

Anspruchsvoller wird es, wenn größere Gegenstände im Raum platziert werden. Wenn zum Beispiel ein Tisch in der Mitte der Bühne etabliert wird, dann steht der dort. Er springt nicht selbstständig ein paar Meter hin und her. Er ist auch theoretisch aus fester Materie, also einfach so durchlaufen funktioniert eigentlich nicht.

Noch schwieriger ist es, wenn man sich kleinere Details merken muss. Auch in einer virtuellen Küche tauschen Herd und Spüle nicht plötzlich ihre Plätze. Und Gläser stehen normalerweise immer im selben Schrank, nicht plötzlich in der Besenkammer.

Manche mögen jetzt sagen das sei doch lustig. Ja, ist es manchmal auch, aber wie bei der Beschreibung vom Improtheater ganz zu Anfang schon erklärt, wollen wir es ja schaffen eben nicht zu scheitern. Und das Publikum wird begeistert sein, wenn es genau erkennt, wie die Bühne eingerichtet wurde. Die Zuschauer werden sich wundern, wie wir Spieler es schaffen uns das alles zu merken und zu beachten. Das ist doch ein Anreiz, oder?

Eine virtuell etablierte und voll eingerichtete Bühne hilft auch der Geschichte ungemein. Es macht sie realer, bildlicher und zieht das Publikum viel mehr in die Szene hinein. Es gibt sogar Formate, bei denen ganz zu Beginn ein ausführliches Scenepainting steht und das eigentliche Spiel sich dann daran orientiert.

Tipp: Malt die Szenerie so, dass Gegenstände nicht hinten an der Bühne stehen, sondern primär zwischen euch und dem Publikum oder an der Seite. Sie sind ja nur virtuell und verdecken nicht wirklich die Sicht. So vermeidet ihr es automatisch, dass ihr dem Publikum den Rücken zudreht. Platziert außerdem nicht alles direkt nebeneinander, sondern nutzt nach Möglichkeit die ganze Bühnenbreite (siehe Kapitel ‚Den Raum nutzen‘)

Übung

Wer kennt „Ich packe meinen Koffer“? Alle? Sehr gut. Nur dass wir jetzt keinen Koffer packen, sondern in unserem Beispiel eine Szene spielen, in der wir einen Kaffee kochen. Bei zwei Spielern immer abwechselnd, bei mehr Spielern einer nach dem anderen.

Der Erste holt ein Glas aus dem Schrank.

Der Zweite holt ein Glas aus dem Schrank und holt die Kaffeebohnen aus einem anderen Schrank.

Der Dritte (oder wieder der erste) holt ein Glas aus dem Schrank, die Bohnen aus dem anderen und füllt sie in die Kaffeemaschine.

Der Nächste wiederholt alle vorherigen Schritte und schaltet zusätzlich die Maschine an.

Dann wird als nächstes der Kaffee ins Glas gegossen, Milch aus dem Kühlschrank geholt, auch ins Glas gegossen. Vielleicht noch Zucker. Umrühren. Trinken und dann wieder aufräumen. Immer einen Schritt nach dem anderen an die vorherigen anfügen.

Die Aktivitäten werden also immer mehr, aber wiederholen sich immer wieder von vorne. Kommentiert ruhig was ihr tut. Es ist kaum erkennbar, ob man aus dem Schrank nun Kaffeebohnen oder eine Milchtüte holt. Wer grade nichts tut achtet darauf, dass der andere möglichst die gleichen Positionen der Gegenstände beachtet und Geräte identisch bedient.

Trainiert werden soll nicht das Gedächtnis für die Reihenfolge der einzelnen Schritte. Da darf in der Übung gerne geholfen werden. Ziel ist es, sich zu merken, was in welchem Schrank ist, wo welches Gerät steht, wie es bedient wird usw. Ein Fehler wäre es zum Beispiel, wenn sich der Schrank mal nach links und mal nach rechts öffnet oder wenn die eine Kaffeemaschine 50cm hoch ist, die andere aber nur 20cm.

Bedenkt auch Kleinigkeiten. Ein Sektglas hält man beispielsweise ganz anders als ein einen Kaffeebecher oder einen Bierkrug. Beachtet solche Details. Auch wenn es nur sehr subtil ist, das Publikum nimmt es wahr.

Aktivitäten in der Küche bieten sich für diese Übung bevorzugt an, da es hier meist viele Schränke, Geräte, Gegenstände usw. gibt. Wenn euch ein anderes Setting einfällt… nur zu!

Split Focus

...oder Focus-Split oder Cross-Cutting oder Split-Screen.

> Nutzt die folgenden Techniken nur, wenn es wirklich nötig ist, gleichwichtige Dinge parallel darzustellen.

Alle diese Begrifflichkeiten bezeichnen im Wesentlichen eine dramaturgische Technik, bei der zwei Handlungen, die an unterschiedlichen Orten spielen, gleichzeitig oder unmittelbar alternierend auf der Bühne dargestellt werden.

Da das physikalisch auf einer Bühne ohne jegliche Requisiten eigentlich gar nicht möglich ist und für das Publikum manchmal schwierig ist, zu verstehen, wenn man es nicht richtig gut darstellt, ist das eindeutig ein Thema für Fortgeschrittene.

Ein **Split Focus** wird dann benötigt, wenn sich eine Geschichte in ihrem Verlauf so entwickelt, dass sich die Spieler aufteilen müssen, aber dabei nicht von der Bühne gehen können. Sowas kommt eher bei Langformen vor, kann aber auch bei Kurzformen manchmal Sinn machen.

Zum Beispiel ist die Vorgabe Schornsteinfeger. Der kommt zu jemandem ins Haus, steigt dann aufs Dach und unterhält sich durch den Kamin mit dem Kunden, der im Haus im Wohnzimmer vor dem Kamin steht. Beide müssen in diesem Fall auf der Bühne stehen, können sich aber natürlich nicht auf Augenhöhe (im physikalischen Sinn) unterhalten.

Der Spieler auf dem Dach muss also nach unten durch den Kamin schauen und sprechen (also auf der Bühne gegen den Boden) und der Kunde im Haus redet in den Kamin, also eher nach oben gerichtet (auf der Bühne entsprechend gegen die Decke). Aus dem Kontext wird dieses optisch unnatürliche Verhalten für das Publikum nachvollziehbar. Es ist wichtig, dass dabei immer einer der beiden Spieler den eindeutigen Fokus hat. Der andere Spieler verharrt in dieser Zeit in seiner Rolle, so dass er das Publikum nicht ablenkt.

Den Effekt eines **Split Screens**, (deutsch: Bildteilung, sehr ähnlich zu Cross-Cutting) habe ich selbst noch nie gespielt, aber jeder kennt diesen Effekt aus dem TV. Immer wenn mehrere Handlungen gleichzeitig dargestellt werden und sich das Publikum selbst entscheiden kann, wo es den Fokus setzt. In Filmen wird dabei oft der Bildschirm durch einen Balken in der Mitte vertikal aufgeteilt und sowohl rechts als auch links läuft eine andere Handlung ab, die am Ende aber dann in einer gemeinsamen Einstellung endet.

Oft sieht man das bei einem Telefonat. Eigentlich immer wird es in Nachrichtensendungen genutzt. Im Hauptbereich des Bildschirms sitzt der Nachrichtensprecher und unten läuft ein Newstickerband. Auch die Bild in Bild Technik kann man so bezeichnen. So wird manchmal während der Übertragung eines Fußballspiels die Trainerbank eingeblendet, so dass man die Reaktion zu dem parallel verlaufenden Spiel sehen kann.

Da auch Frauen, trotz hartnäckiger Gerüchte, nicht wirklich multitaskingfähig sind, versucht lieber Split Focus, statt Split Screen zu nutzen.

Geht es um komplett unterschiedliche Handlungen, kann womöglich die Technik der Zeitsprünge (siehe nächstes Kapitel) sinnvoller sein.

Zeitsprünge

Kaum eine Szene, genauso wie kaum ein Film oder ein Buch spielen in Echtzeit. Echtzeit ist ein eher ungewöhnliches Stilmittel, bei dem der Inhalt exakt genauso lange dauert wie dessen Darstellung.

Wenn ich zum Beispiel spielen will, wie ein Jogger zehn Minuten joggt, dann stell ich mich auf die Bühne und jogge genau zehn Minuten. Dann habe ich die Geschichte in Echtzeit erzählt. Recht bekannte, aber seltene Beispiele für Echtzeit sind zum Beispiel der Film „Lola rennt" oder die Thriller-Serie „24".

Selbst vermeintlich einfache und kurze Szenen auf der Improbühne, spielen kaum in Echtzeit. Man könnte denken, dass die Darstellung eines Dates, bei dem man im Café sitzt und sich unterhält und am Ende eine Entscheidung über den potenziellen Partner trifft in Echtzeit darstellbar wäre.

In der Regel datet man aber doch länger als nur ein paar Minuten. Man bestellt sich ein Getränk, man muss es am Ende bezahlen usw. Das sind alles Tätigkeiten, die auf der Bühne nicht zwingend dargestellt werden müssen, die sich das Publikum aber aus dem Kontext selbst denken kann.

Diese minimalen Zeitsprünge, die leidglich daraus bestehen einen Teil der (oft unwichtigen) Handlung wegzulassen oder deutlich zu verkürzen, machen wir ganz automatisch. Herausfordernder wird es jedoch, wenn die Sprünge größer werden und wenn in der Zeit des Sprungs irgendetwas für die Geschichte Wichtiges passiert, wie zum Beispiel ein Ortswechsel.

Es gibt Formate, wie zum Beispiel das Dreieck (siehe Kapitel ‚Spielformate'), die durch gewollte Unterbrechungen, also durch die Grundstruktur, solche größeren Zeitsprünge in der Rechtfertigung begünstigen.

Aber auch in normalen Szenen kann man solche Sprünge machen. Dafür geht der Spieler, der den Zeitsprung einleiten will, aus der Szene raus, indem er sich deutlich dem Publikum zuwendet und diesem (und damit natürlich auch dem Mitspieler) den Sprung ankündigt.

Zum Beispiel: „30 Jahre später im Altenheim."

Falls die Szene vorher zuhause gespielt wurde, wurde nicht nur ein Zeitsprung, sondern auch ein räumlicher Sprung eingeleitet. Es braucht nicht zwingend weitere Erklärungen, wie man plötzlich ins Altenheim kommt oder was in den vergangenen 30 Jahren passiert ist.

Der Spieler wendet sich wieder vom Publikum ab und die Szene geht im Altenheim weiter. Nicht vergessen, dass die Spieler dann auch 30 Jahre gealtert sind.

Einsetzen kann man das immer dann, wenn man das Gefühl hat, dass in der aktuellen Geschichte nichts Spannendes mehr passiert und sich in langweilig werdenden Details verliert, ein gutes Ende aber auch noch nicht in Sicht ist.

Übrigens kann man auch rückwärts in der Zeit springen.

Übung

Folgende Übung kann euch dabei helfen, ein Gefühl für Zeitsprünge zu bekommen. Man übt sich zu merken an welcher Stelle im Zeitstrahl man sich befindet und ob die Geschichte weitere zeitliche Informationen benötigt, um logisch zu bleiben.
Für die Übung braucht man möglichst viele Spieler. Es kann aber auch jeder mehrmals drankommen.

Alle stehen am hinteren Bühnenrand. Spieler 1 tritt vor und stellt eine kurze Behauptung auf. Beispielsweise: „Ich muss das Haus verkaufen, ich brauche das Geld" und geht wieder zurück.

Dann tritt ein anderer Spieler (2) vor, sagt, wann seine Aussage spielen soll und ergänzt die Geschichte um ein Ereignis, das entweder davor oder danach eingetreten ist. „Sechs Monate vorher: Ich werde mich wohl von meinem Mann scheiden lassen müssen, das wird teuer für ihn."

Wir wissen nun also schon zwei Fakten. Ein Paar ließ sich scheiden und der Mann musste, um das alles bezahlen zu können sein Haus verkaufen. Nun kann sich der Spieler 3 überlegen, wo er weitere Fakten einbringen möchte.

Er hat drei Möglichkeiten:

1. Dazwischen (zwischen dem Plan der Scheidung und dem Verkauf des Hauses): Wie lief die Scheidung ab. Zum Beispiel beim Anwalt oder vor Gericht
2. Davor: Was ist passiert, das zur Scheidung geführt hat?
3. Danach: Der Sohn des Paares, der das Elternhaus wieder zurückkaufen möchte.

So geht es immer weiter und jeder Spieler kann weitere Infos zur Geschichte beisteuern. Vielleicht wird erzählt, wie sich das Paar vor 15 Jahren kennengelernt hat oder wie der Sohn im wiedererworbenen Haus eine eigene Familie gründet.

Gedanklicher Zeitstrahl

Tipps & Tricks

Jetzt habt ihr schon viel erfahren, was alles zum Storytelling gehört und einige Techniken gelernt, um Geschichten noch interessanter und komplexer zu gestalten. Im Folgenden nun noch ein paar kürzere, aber mindestens genauso wichtige Tipps, die euch auch weiterhelfen werden.

Nicht fragen, sondern behaupten

Man muss unterscheiden zwischen Fragen, die eine Geschichte konstruktiv voranbringen und Fragen, die nur deswegen gestellt werden, weil einem selbst nichts einfällt oder die einfach nur leerer Füllstoff sind. Letztere sollte man möglichst vermeiden. Auch sollte niemals eine Szene mit einer Frage eröffnet werden.

Mal ein paar Beispiele. Spieler A steht auf der Bühne und hält demonstrativ irgendeinen kleinen Gegenstand in der Hand. Spieler B kommt auf die Bühne und kann nun fragen „Oh, was hast du denn da?“ Damit gesteht er ein, dass er keine Ahnung hat, was Spieler A da in der Hand hat, obwohl er es im realen Leben ja eigentlich sehen würde. => Nicht gut.

Besser wäre es, wenn Spieler B auf die Bühne kommt und sagt „Oh, deine neue Uhr ist aber elegant.“ Damit hat er schon mal die Etablierung der Geschichte vorangetrieben. Beide Spieler und das Publikum wissen nun, um was es geht (wer und wo ist allerdings noch offen).

Wenn es doch unbedingt eine Frage sein soll, dann könnte die in diesem Beispiel so lauten: „Guten Tag, gefällt Ihnen die Uhr? Sie ist heute im Sonderangebot.“ Wer, Was und Wo ist damit geklärt: Verkäufer sieht den Kunden mit einer Uhr in der Hand. Die Szene spielt also vermutlich in einem Uhrengeschäft.

Es ist grundsätzlich besser immer Behauptungen aufzustellen. Vor allem zu Beginn einer Szene. Je emotionaler und stärker diese sind, umso mehr Kraft und Energie bekommt die Szene. Beispiel: „Ich hasse es, wenn du jede Woche eine neue Katze aus dem Tierschutz zu uns nach Hause bringst.“ Eine starke Emotion mit einer eindeutigen Behauptung definiert die Fronten, etabliert Fakten und in diesem Beispiel könnte es dann mit einem Streit weitergehen.

Da geht noch mehr

Ich habe es oben bei Storytelling schon angesprochen. Ein Stilmittel, welches immer gut funktioniert, ist das „Größer-machen“ und das Übertreiben. Man sollte sich in Situationen immer mal überlegen, ob da nicht noch mehr geht. Ob sich Probleme nicht vergrößern oder ausdehnen können, zum Beispiel: Der Adventskranz brennt, dann der Vorhang, das ganze Haus, die Siedlung, die Stadt, die Erde wird zu einem einzigen Feuerball.

> Auch bei Emotionen kann man wirksam überzeichnen.
> (siehe Kapitel ‚Gefühle‘)

Nicht immer, nicht bei allem und auch nicht immer so extrem, aber hin und wieder, geschickt eingesetzt, hat es eine sehr positive Wirkung auf die Geschichte und kommt in der Regel auch immer gut beim Publikum an.

Ja-Sager erwünscht

Im normalen Leben mag man sie ja nicht immer. Die Menschen, die zu allem immer nur „Ja“ sagen und keine eigene Meinung haben. Hier meine ich aber etwas anderes. Kontraproduktiv beim Improtheater ist das Blockieren.

Wenn ein Spieler mit einer Idee kommt und der Mitspieler nimmt sie nicht an, weil er lieber seine eigene Idee durchsetzen will, dann ist nicht sehr kollegial. Blockiert zu werden demotiviert und hemmt die Kreativität. Lieber „Ja“ sagen und dann im nächsten Dialog eine eigene Idee einbringen, zu der der Mitspieler dann auch wieder „Ja“ sagen wird (bzw. sollte).

Übung

Es gibt dafür eine schöne Übung: Alle Mitspieler stellen sich im Kreis auf und einer beginnt mit einer Geschichte. Nur ein Satz oder eine kurze Dialogeinheit. Der nächste Spieler führt die Geschichte fort, aber beginnt seinen Teil mit den Worten: „Ja, genau und dann." So geht es immer reihum, bis die Geschichte irgendwann ein Ende gefunden hat.

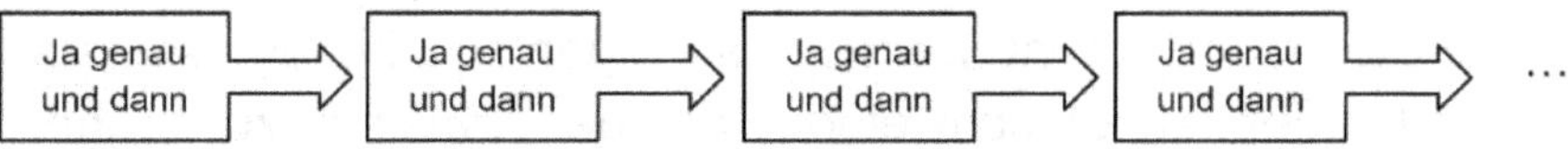

Oft wird diese Übung nur mit den Worten „Ja, genau" gelehrt. Das funktioniert auch. Der Vorteil von „und dann" ist jedoch, dass die Geschichte immer im Advance (siehe Kapitel ‚Advance vs. Extend') bleibt und somit immer vorwärts geht. Gefällt mir so besser.

Loslassen

Das Thema Loslassen passt gut zu dem Kapitel mit den Jasagern und im Prinzip habe ich es dort schon erwähnt. Da es in meinen Augen aber unheimlich wichtig ist, gönne ich dem Thema hier nochmal ein paar Absätze.

Es ist nicht zielführend immer seine eigenen Ideen und Vorstellungen durchzusetzen. Selbst wenn man in einer Szene gegensätzliche Rollen spielt oder Kontrahent ist, so ist man dennoch ein Team, das gemeinsam und gleichberechtigt eine Geschichte erzählen will.

Angenommen einem fällt zu einer Vorgabe sofort eine Super-Story ein, ja sogar ein kompletter Handlungsstrang, aber der Mitspieler stellt zuerst eine Behauptung auf und leider ist diese Behauptung zur eigenen Vorstellung völlig konträr. Tja. Dann muss man eben einfach in den vermeintlich sauren Apfel beißen und sich auf den Vorschlag vom Mitspieler einlassen. Aber wer weiß, vielleicht entwickelt sich ja daraus eine ebenso großartige Geschichte.

Übrigens, je länger man gemeinsam spielt, umso öfter versteht man die Gedankengänge des Mitspielers bzw. umso öfter hat man die gleichen Ideen, so dass das Loslassen dann immer seltener nötig wird bzw. automatisch passiert.

Schweigen ist Gold

„Reden ist Silber, Schweigen ist Gold“

Diese Redewendung kennt wohl jeder. Eigentlich besagt sie, dass es manchmal besser ist zu schweigen, als das Falsche zu sagen. Fürs Improtheater würde ich die Bedeutung ein wenig ändern wollen: Manchmal ist stilles Handeln fürs Publikum interessanter als eine Dauerbeschallung.

Es mag ja an der heutigen Zeit liegen, denn gerne wird alles ausgiebig diskutiert, argumentiert, gerechtfertigt etc. Immer wird geredet und irgendwie hat man auch das Gefühl, dass Schauspieler (also die Profis im Theater oder bei Film und Fernsehen) ellenlange Texte lernen müssen.

In der Folge wird auch auf den Improbühnen für meinen Geschmack viel zu viel geredet. Ich glaube das liegt daran, dass viele denken, dass es dem Publikum langweilig wird, wenn es nichts hört, dass Kreativität sich nur in wortgewaltigen Dialogen widerspiegelt und dass man Gefühle und Tätigkeiten nur dann darstellen kann, wenn sie von vielen Worten begleitet werden. Das stimmt aber nicht.

Man muss meines Erachtens nicht jede Tätigkeit kommentieren. Wenn jemand den Boden fegt, dann muss das nicht zusätzlich erwähnt werden, man sieht es ja. Wenn jemand wütend fegt, dann ist die Körperlichkeit komplett anders als wenn jemand gut gelaunt oder traurig fegt.

Wenn zwei Spieler ein verliebtes Pärchen spielen, dann müssen sie sich ihre Gefühle nicht immer sprachlich bekunden. Es reicht doch auch ein entsprechender sanfter Blick, ein glückliches Lächeln, eine zärtliche Berührung.

Stille bzw. stilles Handeln hat zwei große Vorteile:
Zum einen gewinnt man dadurch mehr Aufmerksamkeit des Publikums. Vielleicht kennt ihr es von guten Rednern, die immer wieder Kunstpausen einlegen, um genau das zu erreichen. Das Publikum bleibt bei euch, wird aufmerksamer und taucht stärker in die Atmosphäre eurer Geschichte ein.

Zum anderen kann man durch Schweigen auch Zeit gewinnen, wenn einem zum Beispiel auf eine Behauptung vom Mitspieler gerade nichts

Gutes einfällt. Dann in die Körperlichkeit gehen und daraus einen Text ableiten.

Man könnte beispielsweise die Augen weit aufreißen und erstaunt schauen. Dann noch größer machen, in dem man auch noch den Mund offenstehen lässt und vielleicht auch noch die Hände über dem Kopf zusammenschlägt. Spätestens diese Körperlichkeit wird euch dann zeigen, dass ihr offenbar in dem Moment entsetzt oder über die Maße erstaunt seid. Wetten, dass euch dann auch ein Text zu eurer körperlichen Darstellung einfällt?

Was für grundsätzliche Reaktionen kann man auf Behauptungen noch zeigen und wie kann man diese ohne Worte anschaulich darstellen?

Übung

Gut wäre es, wenn ihr mindestens zu dritt seid. Dann können zwei spielen und der Rest kann zusehen und euch wertvolles Feedback geben, wie die Szene auf sie gewirkt hat.

Also, zwei spielen zunächst eine einfache Szene. Versucht es inhaltlich zunächst mit einer dramatischen, ernsten Szene. Das ist einfacher als mit lustigen oder actionreichen Inhalten. Gerne könnt ihr das aber auch ausprobieren.

Wiederholt die gleiche Geschichte dann, mit der festen Absicht deutlich weniger und langsamer zu sprechen, sowie mehr Pausen zwischen den Sätzen einzubauen. Versucht diese Sprechpausen mit Gestik oder Mimik zu füllen. Das muss gar nicht wild sein. Im Gegenteil, denn wildes Gebären führt automatisch zu mehr und schnellerem Sprechen. Wirksamer sind intensive Blicke oder „sichtbares“ Nachdenken.

Wenn ihr versucht langsamer zu sprechen, dann achtet darauf, dass es nicht zu unnatürlich wirkt, denn wir wollen ja keine Zeitlupe darstellen. Je nachdem wie es passt, reicht es auch einzelne Aussagen langsam zu formulieren und andere normal.

Danach bittet die Zuseher darum, euch ein Feedback zu geben. Welche Version der Szene war interessanter anzusehen? Welche Emotionen hat die langsame Version ausgelöst, die die normale nicht bieten konnte?

Es ist zu erwarten, dass ihr Sprechpausen gleichzeitig versucht zu beenden, daher ist es bei dieser Übung ganz wichtig, dass ihr eurem Gegenüber genau zuhört. Versucht zu spüren, ob er ausgeredet hat oder noch etwas sagen will. Achtet auch gegenseitig auf die Gestik und Mimik, diese wird euch bei der Einschätzung helfen.

Ausreden - lassen

Ich habe ja vollstes Verständnis, wenn man tolle Ideen hat, kreativ ist und das dann auch alles raus muss. Aber nicht vergessen, euren Mitspielern geht es genauso. Und genau wie ihr nicht gerne unterbrochen werden wollt, solltet ihr es nicht tun.

Rechnet damit, dass der Mitspieler auf Grund seiner Rolle oder seines aktuellen Charakters auch mal langsam und mit Pausen redet. Haltet die Pausen aus, sonst stehlt ihr ihm die Show. Wenn zwei Personen gleichzeitig reden, dann ist das Publikum der Leidtragende, der nichts mehr versteht und im schlimmsten Fall der Story nicht mehr folgen kann.

Aber!

Das Ganze gilt auch anders rum! Mir persönlich ist das völlig unverständlich, aber es gibt Menschen, die können tatsächlich ohne Punkt und Komma reden und hauen eine Aussage nach der anderen und immer neue Ideen raus. Wenn es nicht grade eine Monolog-Szene ist, dann redet auch mal zu Ende. Lasst eure Mitspieler zu Wort kommen. Stellt euch vor, wie das für das Publikum wirken muss, wenn zwei Spieler auf der Bühne stehen, aber nur einer nonstop redet.

Also: Ausreden und den anderen zu Wort kommen lassen, aber genauso nicht ins Wort fallen, sondern ausreden lassen. Und kommt mir jetzt nicht mit irgendwelchen Ausreden ;-)

Den Raum nutzen

Eine Bühne ist im Normalfall größer als 1qm. Man sollte sie auch ausnutzen. Viele, gerade Anfänger, neigen dazu, bei Dialogen immer direkt beieinander zu stehen oder einander hinterher zu laufen. Verständlich, aber meistens nicht nötig. Die Bühne bietet viel Platz, um sich aus dem Weg zu gehen und trotzdem gemeinsam eine Szene zu spielen.

> Geht am besten dahin, wo der Raum euch gerade braucht.

Wie ist das denn bei euch daheim? Mal angenommen ihr seid ein 2-Personen-Haushalt. Steht ihr immer zusammen, wenn ihr miteinander redet? Und wenn ja, bleibt ihr dann immer fix an einer Stelle stehen? Manchmal vielleicht, aber ich bin mir sicher, dass im normalen Leben mehr Bewegung stattfindet und man auch über größere Entfernung kommuniziert. Beispiele:

1. Zwei Spieler kommen vom Einkaufen nach Hause. Person A räumt den Kühlschrank aus, während Person B sich auf die Couch setzt und die Post durchschaut. Die Kommunikation findet über Zurufen statt.
2. In einer Kanzlei. Auch wenn sich Anwalt und Klient gegenübersitzen, kann der Anwalt trotzdem aufstehen und mal was aus einem Regal auf der anderen Seite der Bühne holen.
3. Im Restaurant beim Essen kann man auch mal aufstehen und sich die Speisekarte von einem anderen Tisch klauen oder ein vergessenes Messer von irgendwo anders besorgen. Auf die Toilette gehen zählt nicht, weil man dabei die Bühne komplett verlassen würde.

> Überlegt euch andere Vorgaben zu Örtlichkeiten. Wie könnte man sie so spielen, damit möglichst die komplette Bühne ausgenutzt werden kann?

Macht die Räume groß, nutzt die Szenenmalerei (siehe Kapitel ‚Scenepainting') um Örtlichkeiten so zu gestalten, dass ihr immer wieder mal an die andere Seite der Bühne gehen könnt/müsst.

Wozu? Es gibt dann fürs Publikum mehr zu sehen. Die Szene wird plastischer, actionreicher, realer und man kann mehr mit der Körperlichkeit darstellen, als immer nur Dialoge zu führen (siehe Kapitel ‚Schweigen ist Gold')

Übung Zug um Zug

Diese Übung dient zum Verdeutlichen der oberen beiden Kapitel, also „Ausreden – lassen“ und „Den Raum nutzen“. Zur Vorbereitung richtet ein symmetrisches, rechteckiges Spielfeld mit 3x3 Positionen ein. Siehe Bilder. Nutzt dafür die komplette Breite und Tiefe des Raums. Markiert die Positionen mit Moderationskarten oder Klebeband etc. damit sie eindeutig erkennbar, und betretbar sind.

Spieler A und B stellen sich nun jeweils auf die am weitesten voneinander entfernten Punkte (1 und 9 oder 3 und 7).

Die Regeln:

1. Jeder Spieler darf ein oder zwei jeweils benachbarte Felder weitergehen.
2. Er darf sich horizontal, vertikal oder diagonal bewegen.
3. Abbiegen, sowie wieder zurückgehen ist ebenfalls erlaubt.
4. Man darf aneinander vorbeilaufen, aber nicht auf demselben Feld stehen bleiben.

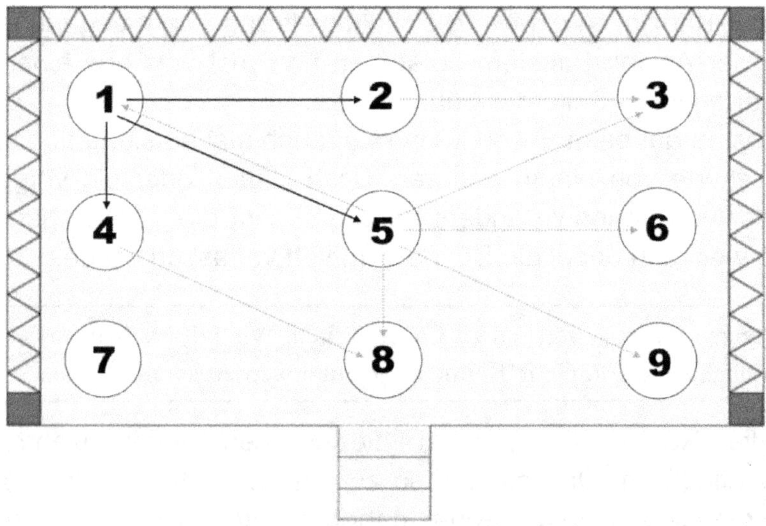

Nun kann man verschiedene Varianten spielen.

In der Ersten soll gar nicht gesprochen werden. Spieler A beginnt. Er gibt sich irgendein Gefühl, das sich auf seine Körperhaltung auswirkt und geht damit den ersten Zug. Wenn er stehengeblieben ist, lässt sich Spieler B von dessen Gefühl inspirieren. War Spieler A aggressiv, dann wird Spieler B vielleicht ängstlich und so geht man sich immer aus dem Weg. Ist der eine Spieler aber flirty und der andere schüchtern, so nähert man sich vielleicht ganz langsam an. So geht es hin und her, bis jemand das Spiel abbricht. Ohne Worte findet man oft kein natürliches Ende.

In einer weiteren Variante kann am Ende jedes Zugs immer ein Satz gesagt werden. Also der Spieler geht gemäß den obigen Regeln an die Position, zu der er möchte, bleibt stehen und sagt dann etwas. Der andere Spieler antwortet nicht direkt darauf, sondern geht seinerseits zuerst und redet danach. Dadurch entsteht schon eine lebendigere Geschichte, die vielleicht auch selbst ein Ende findet.

Sinn dieser Übung ist es sich bewusst zu machen, wie groß die Bühne ist, dass man auch etwas darstellen kann, ohne dem Mitspieler ständig auf die Pelle zu rücken. Außerdem übt man so auch, sich auf wesentliche Aussagen zu konzentrieren und Bewegung mit Text so zu kombinieren, dass man sich nicht gegenseitig ins Wort fällt.

Alles passiert Zug um Zug.

Zusammenfassung Storytelling

In den oberen Kapiteln habe ich nun viel darüber geschrieben, wie eine Geschichte grundsätzlich aufgebaut ist und mit welchen Methoden und Kniffen man dieser mehr Leben und Tiefe einhauchen kann.

Ziel ist es immer, dass das Publikum fasziniert und gefesselt ist. Es soll sich in die Szene hineinversetzen, mit den Spielern mitfühlen und ihnen dabei zuhören und auch folgen können. Sowohl inhaltlich als auch akustisch.

Hier nochmal das Wichtigste in kurzen Stichworten:

- Führt inhaltlich neutral in eine Geschichte ein, lasst dann irgendetwas Unerwartetes passieren und löst das ganze am Ende wieder auf.
- Bringt eigene Ideen ein, aber ohne die Ideen der Mitspieler dadurch zu blocken.
- Bringt Tiefe und Handlung in eure Szene, indem ihr Extend und Advance in einen guten Mix zueinander bringt.
- Nutzt und gestaltet die ganze Bühne, etabliert Mobiliar und Gegenstände.
- Redet nicht zu viel, vor allem nicht durcheinander, sondern gebt einander sowohl physikalisch als auch inhaltlich Raum.

Vergesst bitte nicht, dass Improvisation keine Einzelkunst ist, sondern nur durch das ideale Zusammenspiel das beste Ergebnis bringen kann.

Charakter entwickeln

Man könnte sich nun fragen, warum das Thema „Charakter“ einen ganz eigenen Abschnitt bekommt und nicht zum Storytelling gehört. Auch ein Charakter trägt doch irgendwie zur Geschichte bei, oder nicht?

Ja, das stimmt natürlich, aber einerseits muss ich das Improbook, genauso wie eine Geschichte, irgendwie strukturieren und andererseits gibt es in meinen Augen schon einen ganz entscheidenden Unterschied:

Im Abschnitt Storytelling geht es primär darum, wie man gemeinsam eine Geschichte vorantreibt, strukturiert und interessant macht. In diesem Kapitel geht es nun darum, was der Einzelne tun kann, um sich selbst (natürlich innerhalb einer Geschichte) gut, glaubwürdig und interessant zu präsentieren. Für die eigentliche Story ist das nicht zwingend relevant.

Ob man in einem Film nun einen mehrfachen Oscar-Gewinner als Schauspieler engagiert oder einen, der noch mit keinem Preis dotiert wurde, ist für die Geschichte und für die Qualität eines Films nicht unbedingt wichtig, sonst wären ja nur ausschließlich Oscar-Filme gute Filme und dem ist ja zum Glück nicht so. Umgekehrt kann aber der vielleicht noch unbekannte Schauspieler einen Preis einheimsen, wenn er seinen Charakter überragend darstellt.

Bestimmt kommt jetzt der Einwand, dass das beim Improtheater doch vom Publikum vorgegeben wird, aber das stimmt so ja nicht immer. Manchmal ist die Vorgabe auch eine Tätigkeit oder vielleicht eine Location oder ein Gegenstand. Wenn Spieler XY nun in 3 Formaten immer die gleiche Persönlichkeit darstellt, weil es keine explizite Vorgabe gab, dann wirkt er auf das Publikum sehr blass, eintönig und langweilig. So wird’s definitiv schwer mit dem Oscar.

Ein Charakter definiert sich als die Summe aller Eigenschaften eines Menschen. Egal ob angeboren, anerzogen oder antrainiert. Im Improtheater gehe ich noch einen Schritt weiter und zähle auch Gefühle zur Persönlichkeit, auch wenn diese normalerweise immer nur phasenweise und kurz auftreten und sich oft und manchmal schnell ändern können.

Was macht also einen gut gespielten Charakter aus? Warum finden wir manche Schauspieler einfach gut und andere entlarven wir recht schnell als schlecht? Eine gute Geschichte kann man recht objektiv bewerten (siehe Kapitel ‚EIS‘). Bei einem einzelnen Charakter ist das schwieriger, weil subjektives Empfinden eine große Rolle spielt.

Aber eine Sache gibt es doch, die allen guten Schauspielern gemein ist: Die Glaubwürdigkeit. Wenn ein Schauspieler lacht und wir als Zuseher erkennen, dass das Lachen nur gespielt ist, dann gefällt uns das nicht. Wenn wir uns aber in die gespielte Rolle hineinversetzen können, die dargestellten Gefühle und Handlungen nachvollziehen oder gar nachfühlen können, dann spielt der Schauspieler gut.

Wie schafft man es nun, sein eigenes Schauspiel so darzubieten, dass es so wirkt, als würden wir uns selbst spielen bzw. einen Teil unseres eigenen Inneren für das Publikum zu öffnen? Bevor wir uns die einzelnen Teile einer Rolle genauer ansehen, möchte ich euch noch drei Namen in den Raum werfen:

1. Michael Tschechow und seine „psychologischen Gebärden“
2. Konstantin Sergejewitsch Stanislawski und seine „Als ob“-Theorie
3. Lee Strasberg mit dem „Method Acting“

Das sind drei sehr bekannte Schauspieler / Trainer, die ihre ganz eigenen Theorien und Methoden entwickelt haben, wie man gut schauspielert. Method Acting wird beispielsweise auch heute noch von vielen Film-Schauspielern praktiziert. Natürlich ist das nicht alles für Improtheater anwendbar, daher sind sie für uns nicht 100% relevant, aber wer sich interessiert, kann die Stichworte mal googeln oder sich entsprechende weiterführende Literatur besorgen.

In meinem kleinen Improbook versuche ich eine für uns relevante Quintessenz, natürlich anhand praktischer Beispiele, zu beschreiben.

Gefühle

Fangen wir mit den Gefühlen an. Gefühle sind naturgemäß flüchtig. Man lebt nicht sein ganzes Leben mit dem gleichen Gefühl. Gefühle ändern sich immer wieder, sie verschmelzen mit anderen Gefühlen und oft fühlt man auch mehrere Dinge gleichzeitig. Vor einem Bungee-Sprung können das sowohl Angst als auch Vorfreude sein.

Es gibt Gefühle, die sind völlig gegensätzlich, wie Liebe und Hass, aber es gibt auch Gefühle, die sich sehr ähneln. Zum Beispiel „verspielt" und „albern". Das lässt den Schluss zu, dass man Gefühle vielleicht kategorisieren, also in Gruppen aufteilen kann. Versuchen wir es. Was ist ein typisches Gefühl, das immer wieder als Vorgabe vom Publikum kommt? Richtig, „Angst".

Was assoziiert man oft als Angst? Die Angst vor irgendwelchen bestimmten Dingen, wie zum Beispiel vor Spinnen oder vor der Höhe oder vor engen Räumen. In diesem Fall spricht man dann von einer Phobie. Also gehört die Phobie zur Kategorie Angst dazu.

Vor was kann man noch Angst haben? Man kann Angst haben, dass man von jemandem abgezockt oder ausgenutzt wird. Dieses Gefühl nennt sich dann Misstrauen, also eine weitere Variante der Angst. Wie ist es, wenn man in eine Grube fällt und Angst hat nicht mehr rauskommt, dann fühlt man sich hilflos. Fällt also auch in die Kategorie. Wenn eine Bank überfallen wird und der Bankräuber einem Angestellten die Waffe an den Kopf hält, dann hat er Angst, weil er sich bedroht fühlt.

> Fallen euch noch weitere Formen von Angst ein und wie unterscheiden sie sich von anderen Angst-Varianten?

Die Theorie mit den Gruppierungen von Gefühlen scheint zu stimmen. Machen wir die Gegenprobe mit einem anderen häufig genannten Gefühl: Liebe.

Das Gefühl, das man gegenüber einem geliebten Partner (Zärtlichkeit) hat, ist sicherlich ein anderes als das Gefühl zu den geliebten Eltern (Dankbarkeit) oder zu den eigenen geliebten Kindern (Verbundenheit).

Vielleicht liebt man auch einen Film, weil man von ihm sehr berührt wird oder den Genuss von leckerem Essen.

Diese Gefühlskategorien fallen mir ein:
Angst, Liebe, Freude, Trauer, Wut, Überraschung

Gib es für euch andere Hauptkategorien? Wie sortiert ihr Gefühle in diese Kategorien ein? Zu jeweils welcher Kategorie gehören zum Beispiel diese Gefühle: Verwirrung, Hass, Euphorie, Enttäuschung?

Was bringt uns nun eine solche grobe Kategorisierung? Nun ja, da die Gefühle innerhalb einer Kategorie recht ähnlich sind, ist auch deren Darstellung ziemlich ähnlich. Während ein Vollprofi in den Jahren seiner Schauspielausbildung sicher eine Vielzahl an Gefühlen bis ins kleinste Detail analysiert, lernt und stetig übt immer mehr Feinheiten heraus zu arbeiten, reicht es für uns Amateure vielleicht aus, zumindest die Hauptkategorien zu beherrschen und dann ähnliche Emotionen ähnlich zu präsentieren.

Ich persönlich finde den „Als ob"-Ansatz von Stanislawski oft sehr hilfreich. Er besagt in etwa, dass wir uns vor unserem inneren Auge eine wirklich erlebte Situation vorstellen sollen, in der wir waren, als wir das zu spielende Gefühl hatten.

Hier nochmal meine Hauptkategorien, diesmal mit jeweils einem typischen Beispiel für das Gefühl:

1. **Angst**
   Denkt an die Kindheit. Die meisten Kinder haben zum Beispiel Angst im Dunkeln.
2. **Liebe**
   Je nach Variante der Liebe nehmt ihr eure erste Liebe mit den typischen Schmetterlingen im Bauch oder die Liebe zu den Eltern oder zu Tieren.
3. **Freude**
   Vielleicht die Vorfreude ein paar Tage bevor es in den gebuchten Strandurlaub geht oder aber die Freunde über die bestandene Führerscheinprüfung.

4. **Trauer**
   Ich hoffe ihr habt noch keinen nahestehenden Verwandten verloren, aber vielleicht ja ein Haustier, vielleicht ist auch ein super Schulfreund von euch aus der Stadt gezogen.
5. **Wut**
   Man kann wütend werden wegen eines unberechtigten Strafzettels oder wenn man unangemessen behandelt oder gekränkt wird.
6. **Überraschung**
   Ihr trefft zufällig einen alten Schulfreund wieder oder ihr bekommt eine unerwartete Nachricht.

Wenn ihr euch nun an solch ein Gefühl erinnert, dann könnt ihr euch vielleicht auch an die Körperhaltung oder die Gebärden dazu erinnern. Während man bei Trauer eher die Schultern, den Kopf und die Mundwinkel hängen lässt, ist die Körperlichkeit bei Freude genau gegensätzlich. Gerade Haltung und natürlich ein Lächeln oder sogar Lachen im Gesicht.

Stellt euch doch mal vor einen großen Spiegel und versucht zu jeder Gefühlskategorie eine eindeutige Körperhaltung einzunehmen. Schaut euch an und spürt, wie durch die Haltung eure Emotionalität verstärkt wird.

Schon die Körperhaltung wird euch helfen eure Figur in einer Improszene realistischer darzustellen. Das entspricht übrigens in etwa dem Gedanken der psychologischen Gebärden von Tschechow.

Ihr werdet schnell merken, dass es euch bei manchen Gefühlen leichter und bei anderen schwerer fällt. Das ist ganz normal und hängt einfach von der jeweiligen Persönlichkeit und den bisherigen realen Erlebnissen ab. Jemand der eher introvertiert ist, wird sich mit überschwänglicher Freude vielleicht schwerer tun als mit der Darstellung eines traurigen Charakters.

Intensität variieren

Konzentriert euch auf eure Stärken und versucht dort die Gefühle detaillierter und feiner, vielleicht sogar subtiler zu präsentieren.

Wut muss sich zum Beispiel nicht immer mit Schreien oder heftigem Aufstampfen manifestieren, manchmal reicht schon ein eindeutiger Blick. Ihr kennt sicher den Spruch: „Wenn Blicke töten könnten“.

Andersrum könnt ihr Gefühle auch mal völlig überzeichnen. So kann sich eine zunächst stille Trauer in totale Verzweiflung oder in eine handfeste Depression wandeln, eine Freude kann zur Euphorie, bis hin zum Wahnsinn gesteigert werden (siehe Kapitel ‚Da geht noch mehr‘).

Richtung variieren

Wer sagt, dass sich Gefühle nur auf eure Mitspieler beziehen müssen? Niemand.

Wenn ihr ein Gefühl als Vorgabe bekommt, dann richtet das Gefühl ruhig mal gegen alles, also auch gegen die Dinge, mit denen ihr in der Szene zu tun habt.

Seid ihr verliebt, dann seid auch mal in euren Spaten verliebt oder in die Blumen in einer Gärtnerei. Man kann auch Stifte hassen, einen Schreibtisch erotisch finden oder panische Angst vor einer Gießkanne haben.

Die Vorgabe des Publikums wird so vollumfänglich und eindeutig umgesetzt. Natürlich kann das auch mal absurd und dadurch lustig wirken. Ich finde es schön, wenn ich das Publikum zum Lachen bringen kann. Trotzdem gilt es auch hier immer das richtige Maß zu finden. In jedem Spiel bzw. Format immer wieder ins Absurde zu rutschen ist sicher zu viel des Guten.

Charakterzüge

Im Gegensatz zu Gefühlen, die sich oft und manchmal schnell ändern können, sind Charakterzüge Eigenschaften, die man vor allem in seiner Kindheit und Jugend ausgebildet hat und die einen in der Regel bis an sein Lebensende begleiten. Es sind persönliche Kompetenzen (im positiven und negativen Sinn) die etwas über das moralische Verhalten aussagen.

Es ist sicher möglich seinen Charakter zu ändern, aber das ist normalerweise ein langwieriger Prozess, der vielleicht sogar professioneller Hilfe bedarf. Ein tendenziell aggressiver Charakter wird nicht per Fingerschnipp zu einem sanften Menschen werden, genauso wenig wird ein introvertierter Mensch plötzlich zu einem Partylöwen.

> Für uns als Spieler ist diese Unterscheidung zweitrangig, denn wir spielen immer das, was kommt.

Die Abgrenzung fällt vor allem dem Publikum manchmal schwer. Da fragt ihr nach einem Gefühl als Vorgabe und bekommt dann als Antwort zum Beispiel „eifersüchtig". Für mich ist das jedoch eine Charaktereigenschaft. Ein eifersüchtiger Mensch ist eifersüchtig auf den Nachbarn, der eine neue Markise hat oder den Arbeitskollegen, der einen spannenderen Urlaub verbracht hat. Es ist eine Grundeinstellung immer das haben zu wollen, was andere haben. Ähnliche Charaktereigenschaften, die auch immer gerne auf die Frage nach Gefühlen genannt werden, sind Neid und Missgunst.

Es gibt gute und schlechte Charaktereigenschaften, aber es gibt auch solche, die man nicht eindeutig zuordnen kann. Hier ein paar Beispiele:

1. Positiv: liebenswert, motiviert, unkompliziert, weitsichtig
2. Negativ: intrigant, narzisstisch, langweilig, manipulativ
3. Ambivalent: eitel, exzentrisch, sensibel, skurril

Positiv und negativ sind nachvollziehbar, oder? Warum ist das zum Beispiel bei „sensibel" anders?

Ein sensibler Charakter ist gut, weil er andere Personen sicher nicht absichtlich verletzten wird, er hat ein gutes Einfühlungsvermögen und kann Stimmungen zwischen Menschen leichter erfassen.

Auf der anderen Seite muss man bei einem sensiblen Menschen immer aufpassen, was man sagt, er interpretiert gerne Dinge in Aussagen, die er meint zwischen den Zeilen zu erkennen. Nimmt man ein Sensibelchen mal etwas härter ran, kann es verletzt sein und versagen, weil es damit nicht klarkommt.

Ambivalente Charaktere sind dadurch schwieriger zu spielen, aber für das Publikum natürlich interessanter anzusehen, eben weil sie das Gute und das weniger Gute in sich vereinen.

Welche Charaktereigenschaften fallen euch noch ein und sind es wirklich welche oder doch eher Gefühle? Fallen euch weitere ambivalente Eigenschaften ein?

Wie kann man nun am besten die unterschiedlichen Charaktereigenschaften darstellen? Üben, üben, üben. Ich würde es auch hier mit Tschechows „Als ob“-Methode versuchen. Habe ich selbst eine der geforderten Eigenschaften ist es kein Problem, aber was, wenn ich etwas spielen soll, was ich selbst nicht bin.

Hier hilft auch meistens kein Blick in die eigene Vergangenheit, aber vielleicht ein Blick in die Bekanntschaft. Bestimmt gibt es da Charaktere, von denen man sich ein Verhalten abgucken kann. Wenn auch das nicht funktioniert, dann erinnert ihr euch vielleicht an einen Film, wo ein besonderer Charakter mitgespielt hat. Versucht den, bzw. dessen Verhalten zu adaptieren. Wie hat er sich bewegt, welche Mimik hat seinen Charakter unterstützt und nutze er vielleicht spezielle Wörter oder Ausdrücke?

Die vier Elemente

Auch wenn es jetzt ein wenig in die esoterische Psychologie abdriftet, bitte weiterlesen. Ich bin selbst kein Freund von Esoterik, daher werde ich das Thema sehr bodenständig behandeln. Es ist wichtig, denn es hilft euch bestimmte Charaktere besser spielen zu können.

Die vier Elemente sind: Erde, Wasser, Feuer, Luft

Erde

Erde ist ein festes, greifbares Material, es liegt am Boden und behält seine Position bei. Aus Erde kann man etwas erbauen, einen Hügel oder einen Graben zum Beispiel, der auch nach langer Zeit noch besteht. Wenn man der Erde nun menschliche Eigenschaften zuordnen möchte, dann wären das beispielsweise Ausdauer, Zielorientierung, Beständigkeit, Verlässlichkeit.

Erdmenschen sind also Menschen, die geduldig und stetig ein Ziel verfolgen und auch bereit sind Verantwortung zu übernehmen. Ein prominentes Beispiel eines Erdmenschen ist Angela Merkel. Sie verfolgt ihr politisches Ziel konsequent und konzentriert und lässt sich nicht von anderen abhalten.

Wasser

Wasser fließt. In der Regel von oben nach unten und sammelt sich unten. Wasser gehört damit, genau wie die Erde zu den schweren Elementen. Wasser schwappt aber auch hin und her. Wenn man sich die Wellen auf dem Meer ansieht, so ist Wasser niemals gleich, es ändert sich stetig, aber vergleichsweise langsam. Es steht also für stetige Veränderung, Überraschung und fremdbestimmt sein.

Ein Wassermensch ist beispielsweise ein Schauspieler, der immer wieder in andere Rollen schlüpft, sich in seiner Rolle von Mitspielern verändern lässt und der auch in ausweglos scheinenden Situationen seinen Weg findet.

Feuer

Feuer ist ein leichtes Element. Ein Feuer brennt immer nach oben. Aus einem kleinen Schwelen kann ein bedrohlicher Brand entstehen. Manchmal entzündet sich auch etwas plötzlich und explosionsartig. Es breitet sich von einem Ort aus. Es steht für Lebensfreude, Begeisterungsfähigkeit, Dynamik, aber auch Explosivität.

Feuermenschen sind Menschen, die etwas in Gang bringen (aber meist nicht beenden), andere Menschen motivieren, dabei aber manchmal zerstörerisch sein können. Oftmals sind es Choleriker. Prominentes Beispiel ist Adolf Hitler, der es verstand ganze Massen mit ins Verderben zu reißen.

Luft

Luft ist das leichteste und am wenigsten greifbare Element. Man sieht Luft praktisch kaum, sie ist überall, aber nirgends dauerhaft. Partikel in der Luft verbreiten sich rasend schnell und lassen sich kaum aufhalten, nicht berechnen. Mit Luft kann man also Unabhängigkeit, aber auch Oberflächlichkeit genauso wie Schnelligkeit und Kreativität in Verbindung bringen.

Luftmenschen sind kreative Freigeister. Ein Luftmensch will immer neues entdecken, aber dabei nicht unbedingt bis in die Tiefe ergründen. Er will unterhalten, aber nicht belehren. Ein Komiker könnte also so ein Luftmensch sein.

> Welche anderen Menschen oder vielleicht sogar Berufsgruppen lassen sich eindeutig einem der vier Elemente zuordnen?

Natürlich gibt es auch immer wieder Mischformen. Kaum ein Mensch ist im echten Leben eindeutig und ausschließlich einem einzelnen Element zuzuordnen. Und gerade Feuer und Luft vermischen sich oft. Klar, denn Feuer braucht ja auch die Luft, um brennen zu können.

Stoßt ihr zu einer bestehenden Szene dazu, dann überlegt euch, welches Element ihr guttun würde. Ist bereits Hektik auf der Bühne würde ein

Erdcharakter helfen. Dümpelt die Geschichte eher dahin, kann Feuer oder Luft neuen Schwung und Energie beisteuern.

Übung

Geht durch den Raum als Erdmensch. Stellt euch vor ihr geht durch aufgeweichte Erde. Jeder Schritt muss kontrolliert gesetzt werden, damit ihr nicht ausrutscht. Schnelle oder spontane Richtungswechsel sind nicht möglich. Wenn ihr wenden müsst, dann bleibt stehen, peilt eine neue Richtung an und bewegt euch weiter. Achtet auf die Arme. Sie sollten nicht unkontrolliert schlackern. Macht Gesten immer kontrolliert, langsam und eindeutig. Die Mimik ist konzentriert und fokussiert, aber nicht gelangweilt.

Wechselt zu Feuer. Euer Schritttempo erhöht sich. Es kommt Dynamik in den Gang. Werdet mal schneller, mal langsamer. Ganz plötzlich und unerwartet, aber ohne dabei flatterig zu wirken. Lasst auch hier die Arme nicht einfach baumeln. Sie können kraftvolle Posen und Gesten ausdrücken. Die Mimik spiegelt die innere Energie und Kraft wider.

Weiter mit Wasser. Euer Gang und die gesamte Körpersprache werden nun schwungvoller. Hüpft aber nicht. Wollt ihr stehenbleiben, dann bleibt im Körper trotzdem immer etwas Bewegung. Das kann ein leichtes Schwanken in der Hüfte sein oder ein minimales Pendeln mit dem Kopf. Denkt an einen Tänzer, der ganze Körper bleibt im Flow. Wenn ihr die Richtung wechselt, dann fangt mit einem Körperteil, zum Beispiel dem Kopf, an, dann dreht sich erst der Rumpf, dann die Beine und schließlich die Arme. Alles in einer gleichmäßigen und fließenden Bewegung.

Zum Schluss noch die Luft. Fühlt, wie die Luft euch durch- und umströmt. Alles an euch wird unkontrollierter. Die Luft kann von vorne, von hinten, aber auch von unten kommen. Sie kann die Arme anheben lassen, nur um sie im gleichen Moment wieder der Schwerkraft zu überlassen. Hüpft in alle möglichen Richtungen, während sich die Arme vielleicht entgegengesetzt bewegen. Brecht euch nichts. Lacht, habt Spaß und genießt die Leichtigkeit des Seins.

Gerne könnt ihr im Rahmen der Übung auch alles übertreiben, um ein besseres Gefühl für die einzelnen Elemente zu bekommen.

Spiel mit der Sprache

Eine andere Art, um seine Rolle interessanter und spannender zu gestalten, ist das Spiel mit der Sprache. Zum Beispiel mit Dialekten und Akzenten. Vielen ist nicht immer klar, worin hier überhaupt der Unterschied liegt.

> Durchhalten!
> Wenn ihr euch für einen Dialekt oder Akzent während einer Szene entschieden habt, verliert ihn nicht.

Am einfachsten lassen sich die beiden Begriffe durch die jeweilige Muttersprache unterscheiden. Spricht man eine andere Sprache als die, mit der man aufgewachsen ist, dann spricht man sie mit Akzent.

Also ein Franzose, der versucht deutsch zu sprechen, hat normalerweise einen französischen Akzent. Genauso, wenn ein Deutscher englisch spricht.

Dialekte sind dagegen Variationen in der eigenen Muttersprache. Jemand mit der typischen ‚Berliner Schnauze' hat keinen Akzent, sondern spricht einen Dialekt. Genauso natürlich mit schwäbisch, bayrisch, sächsisch usw.

Schwierig wird es in den Fällen, bei denen es sich zwar geografisch um ein anderes Land handelt, aber dennoch die Muttersprache dieselbe ist. Zum Beispiel bei Österreich. Wenn ein Österreicher mit ausgeprägtem ‚Wiener Schmäh' deutsch spricht, ist es dann ein Akzent oder doch Dialekt? Vielleicht eine Mischung.

Im Prinzip ist die Bezeichnung für uns auch relativ egal. Mit anderen Dialekten oder anderen Akzenten können wir unserer Rolle eine besondere Note geben. Mir persönlich fällt es dabei leichter mit einem Akzent zu sprechen als mit einem Dialekt. Das hat zwei Gründe:

Dialekte sind in Deutschland viel verbreiteter und überregional vermischter. Beispielsweise lebt in München kaum noch jemand, der wirklich münchnerisch oder wenigstens bayrisch spricht, dafür viele, die aus anderen Regionen Deutschlands zugezogen sind. Fehler fallen diesen Zugezogenen natürlich sofort auf.

Andererseits haben Dialekte oft ihre ganz eigenen Begriffe und Ausdrücke für ein und dieselbe Sache. So heißt das Bier-Limo-Gemisch in Bayern „Radler", währen der Hamburger es „Alsterwasser" nennt. Der bayrische Knödel heißt in manchen Regionen Kloß. Wenn der Hamburger etwas aufwischt, dann feudelt er, was ein Süddeutscher niemals sagen würde.

Bei einem Akzent verwendet man dagegen gängige und einfache Worte, spricht sie nur anders aus. So rollt ein Engländer oder Amerikaner das „R" ganz typisch, während der Franzose alle „ch" zu einem „sch" macht, die „i"s langzieht und die Betonung gerne auf die letzte Silbe legt. Was alle verständlicherweise gerne tun, ist die Artikel zu vertauschen, den Satzbau zu ändern oder Chaos in die Grammatik zu bringen. Dies ist alles vergleichsweise einfach nachzuahmen.

Gewonnen habt ihr natürlich, wenn ihr mit einem Dialekt aufgewachsen seid oder selbst einen Migrationshintergrund habt, denn dann fällt euch zumindest dieser Dialekt bzw. dieser Akzent sehr einfach. Nutzt das und setzt ihn ein.

> Da man Akzente und Dialekte hören muss, um sie zu lernen, sucht bei YouTube mal danach. Dort gibt es sogar Anleitungen für manche davon.

Man braucht ein gewisses Talent, um sowas richtig gut hinzubekommen. Wenn ihr das (noch) nicht habt, dann könnt ihr auch anders mit der Sprache spielen. Ein einfaches Lispeln verändert eure Person bereits. Vielleicht nutzt ihr auch einen speziellen Satzbau. „Alles machen, du kannst", würde Yoda (Star Wars) sagen. Man kann sich auch einen Sprachfehler aneignen, wie es zum Beispiel der Comedian Paul Panzer tut, wenn er die Zischlaute anders/falsch ausspricht.

Überhaupt sind Comedians eine gute Lernvorlage. So neigt Olaf Schubert zum Beispiel dazu, die banalsten Dinge mit einer übertrieben intelligent wirkenden Formulierung auszudrücken, dabei aber gleichzeitig sehr umgangssprachliche Wörter einfließen zu lassen.

Johann König fällt durch seine recht unangenehme Stimmfarbe auf, die er noch dadurch verstärkt, dass er meist immer in der gleichen Tonlage bleibt. Dennoch schafft er es Betonungen und Emotionen erkennbar zu machen.

Piet Klocke habe ich leider schon länger nicht mehr gesehen. Er ist einer, der liebend gern Wörter oder ganze Satzteile weglässt, die sich das Publikum aber selbst denken kann. Teilweise drückt er das Fehlende dann durch ausladende Gestik aus. Manchmal unterbricht er sich auch mitten im Satz, um dann mit einem ganz anderen Satz das Gleiche auszusagen. Das verleiht ihm einen recht hektischen und bisweilen verwirrten Charakter.

Otto Waalkes ist nicht nur für sein typisches Hüpfen bekannt, sondern spielt oft auch mit den Haaren, die er, gleich einem Menschen vom Element Luft, oft und speziell aus dem Gesicht streicht. Seine manchmal kindlichen Bewegungen und Ausdrucksformen ergänzen das Profil.

Die Älteren von euch kennen vielleicht auch noch Edmond Stoiber, den ehemaligen Ministerpräsidenten von Bayern. Seine Sätze haben teilweise schon Kultstatus, weil sie durchzogen sind von Versprechern und er viel zu oft „Äh“ sagt.

Schaut euch die erwähnten Komiker und vielleicht noch ein paar andere bei YouTube an und versucht zu erkennen, was sie körperlich und sprachlich (nicht inhaltlich) besonders macht.

Das Ganze soll keineswegs eine Anregung zur Nachahmung sein. Die Kopie ist immer schlechter als das Original. Es soll vielmehr eine Inspiration sein mit der Stimme und der Sprache zu variieren. Es reichen, wie so oft, kleine Nuancen und Feinheiten, sodass es insgesamt glaubwürdig bleibt und nicht ständig ins Alberne/Absurde abdriftet.

Ticks und Einschränkungen

Nicht nur die Sprache kann Besonderheiten aufweisen, sondern natürlich auch euer Körper. Fragt doch mal als Einzelvorgabe nach einem Tick. Sowas lässt sich meistens gut darstellen und kann auch Inspiration für eine Geschichte sein.

Auch hier gilt: Nicht übertreiben, aber durchhalten. Wenn als möglicher Tick beispielsweise Augenzwinkern genannt wird, dann ist es übertrieben im Sekundentakt ständig zu zwinkern. Das ist dann nämlich schon wieder unglaubwürdig und nutzt sich ab. Es reicht hin und wieder, dafür aber (über)deutlich zu zwinkern. Vielleicht lässt sich ein Tick auch mit einer Emotion kombinieren. Der Tick wird also durch irgendetwas getriggert. Zum Beispiel immer, wenn euch der Mitspieler streng anredet oder zu nahe kommt etc. wird das Zwinkern aktiv.

Körperliche Einschränkungen verändern ebenfalls die Spielweise. Stellt euch vor, ihr habt euch das rechte Bein gebrochen und es wurde eingegipst. Dann würdet ihr vermutlich humpeln oder es leicht hinter euch herziehen. Bei einem steifen Nacken verändert sich das komplette Bewegungsmuster im Oberkörper. Kopfschmerzen wirken sich stark auf die Mimik aus. Solange sie nicht zu heftig sind, kann man auch mit Schmerzen Spaß am Leben haben, es sieht nur optisch etwas anders, gezwungener, aus.

Dass man Gehörlosigkeit, Blindheit und Ganzkörperlähmungen eher nicht wählen sollte (außer es ist thematisch angemessen oder vorgegeben) erklärt sich von selbst. Ihr solltet schon noch spielfähig bleiben.

Identitätswechsel

Vielleicht ist es etwas übertrieben diesem Thema ein eigenes Kapitel zu widmen, aber dennoch finde ich es wichtig, dass man darüber zumindest mal nachdenkt: Sollte ein männlicher Schauspieler eine weibliche Rolle spielen und umgekehrt?

Viele sagen: „Ja, natürlich." Ich sage: „Nein, auf keinen Fall." Es mag für den Spieler eine Herausforderung und auch lustig sein, aber es ist doch fürs Publikum seltsam, wenn da beispielswiese ein großer, breitschultriger Mann, mit sonorer Stimme und 3-Tage Bart plötzlich eine Frau darstellt. Außerdem besteht immer die Gefahr, dass man als Mann dann eher tuntig, als weiblich spielt.

Fallen euch denn irgendwelche Filme oder Bücher ein, in denen eine weibliche Rolle von einem Mann, oder umgekehrt, gespielt wird? Klar, es gibt sowas wie „Die Päpstin" oder „Mrs. Doubtfire", allerdings spielt da ein Mann trotzdem noch einen Mann, der sich nur als Frau ausgibt. Bei der Päpstin entsprechend andersrum.

Diese Logik ist natürlich auch auf der Improbühne glaubhaft umsetzbar. Angenommen zwei Frauen sind auf der Suche nach einem Hotelzimmer und überlegen sich dann, dass sich eine als Mann ausgibt, um als klassisches Pärchen die Chancen zu erhöhen. Entscheidend ist, dass das Publikum in dem Fall weiß, dass die Frau auf der Bühne eine Frau ist und nur einen Mann spielt.

Sehr seltsam fände ich es, wenn zwei Männer auf der Bühne stehen und es kommt die Vorgabe „Im Standesamt" und plötzlich übernimmt einer der Männer die Rolle der Ehefrau. Es muss ja auch bei so einer Vorgabe gar nicht so sein. Einerseits könnten auch zwei Männer heiraten und andererseits kann es sich natürlich auch um den Standesbeamten und den Trauzeugen handeln.

Ähnlich kritisch bin ich auch, wenn es darum geht, ob man Tiere spielen sollte. Ich glaube, wenn ich mich auf allen Vieren auf die Bühne stelle, das Bellen anfange und versuche mit meinem (aus Hundesicht) nicht vorhandenen Schwanz zu wedeln, dann fände ich das sehr albern. Es wird noch unglaubwürdiger, wenn dieser Hund dann plötzlich das Reden anfängt. Tut er es nicht, dann wird das ein sehr einseitiger Dialog.

Tiervorgaben sind grundsätzlich gut und bei unserer Gruppe gerne gesehen, jedoch sollten sie aus meiner Sicht lediglich Inspirationen sein. Bekomme ich als Vorgabe den Elefanten, dann spiele ich schwerfällig, als Reh schüchtern und schreckhaft, als Eichhörnchen fröne ich meiner Sammelleidenschaft und als Faultier schlafe ich immer wieder halb ein etc.

Auch aus Sicht des Publikums finde ich es bewundernswerter, wenn der Schauspieler es schafft typische tierische Eigenschaften in seine menschliche Rolle zu transferieren. Wenn er sich nur, im wahrsten Sinne des Wortes, zum Affen macht, dann reißt mich das nicht vom Hocker.

Wie auch immer ihr das seht, versucht zumindest innerhalb eurer Gruppe einig zu sein, es kann sonst zu unerwarteten Missverständnissen kommen, denn wenn jemand einen weiblichen Mitspieler als Klaus anspricht, dann hat sie kaum Chancen eine Frau zu bleiben.

Spielformate

5-4-3-2-1-Los! Mit diesem Countdown wird jedes Spielformat gemeinsam von den Spielern und den Zuschauern eingezählt, auch in den Trainings ist das üblich.

Das Ende einer Geschichte wird immer mit einem symbolischen „Black“ dargestellt. Das ist eine Handbewegung, die einen fallenden Vorhang, den wir auf einer Improbühne in der Regel nicht haben. symbolisieren soll. Der nach oben gestreckte Arm „fällt“ dabei im Halbkreis nach unten.

In diesem Kapitel möchte ich euch einige Formate näher vorstellen. Ich erkläre, wie viele Spieler zwingend benötigt werden oder zumindest von Vorteil sind. Außerdem schlage ich euch zu jedem Format vor, welche Art von Vorgabe man sich am besten holen sollte, um das Maximale herausholen zu können.

Manche Formate (Spiele), haben sehr strenge Regeln, bei anderen kann man sich freier entfalten. Fast jedes Format kann zu einem Genrespiel werden oder mehr oder weniger viele Monologe enthalten.

Eine riesige Auswahl an Spielen und auch Übungen findet man übrigens im Internet auf der Seite https://improwiki.com/de
Da das ein offenes Wiki ist, ist die Qualität dort allerdings sehr schwankend.
...Und ganz ehrlich, wer braucht schon über 900 Spiele? Ein Grundrepertoire von etwa 20 Formaten, die man oft geübt hat und somit beherrscht, reicht völlig aus. Mit so einer Basis fällt es dann auch leicht, Varianten davon, aber auch neue Formate schnell zu adaptieren.

Schauen wir uns mal ein paar typische Formate an:

Freeze

Freeze ist eine Mischform zwischen Strukturspiel und offener Szene, da viele offene Szenen nach einer gewissen Regel durchlaufen werden und wird vom kompletten Ensemble gespielt, das in diesem Fall aus mehr als zwei Spielern bestehen muss.

Zu Beginn stehen zwei Spieler auf der Bühne und holen sich irgendeine Vorgabe vom Publikum. Welche ist in diesem Fall nicht so wichtig.

Die beiden spielen eine Szene an und sobald es irgendeine Pointe gibt oder es langweilig wird oder ein Spieler eine lustige Körperhaltung angenommen hat, ruft ein Spieler von außen „Freeze". Die beiden Spieler frieren daraufhin in ihrer aktuellen Körperposition ein. Der Spieler von außen ersetzt durch kurzes Abklopfen einen der beiden, übernimmt dessen Körperlichkeit, lässt sich davon inspirieren und beginnt eine komplett neue Szene.

Auf diese Weise wird immer wieder ein Spieler ausgetauscht und jeder der Gruppe spielt mindestens einmal, gerne aber auch öfter. Das hängt etwas von der Dauer der einzelnen Szenen ab und liegt somit in aller Händen.

Irgendjemand muss ein Gespür dafür entwickeln, wann jeder oft genug dran war und wann eine Szene ein so schönes Ende hat, dass das ganze Spiel beendet werden kann.

Bei einer Show ist Freeze sehr oft das erste Spiel, weil das Publikum hier gleich alle Spieler und deren Flexibilität sehen kann. Es stellt also die ganze Gruppe vor.

Als Variante, vor allem bei großen Gruppen, können auch mal beide Spieler gleichzeitig ausgetauscht werden. Die Neuen nehmen dann natürlich beide die jeweilige Körperhaltung an.

Eine andere Variante, namens „Blind Freeze", eignet sich besonders für Anfänger auch sehr gut als Übung. Der nächste einzuwechselnde Spieler steht mit dem Rücken zur Bühne, sieht also nicht was dort passiert und der übernächste ruft „Freeze". So wird erreicht, dass der Spieler seine Einwechslung nicht davon abhängig macht, ob er eine Idee hat, also plant, sondern viel freier auf die Bühne geht.

10 Emos oder emotionale Achterbahn

Dieses Format ist ein moderiertes Spiel. Ein Moderator, der später nicht mitspielen wird, wendet sich ans Publikum und fragt mehrere Gefühle ab.

Sinnvoll ist eine ausgewogene Mischung aus positiven, negativen, starken und schwachen Gefühlen.

Da das Publikum hier auch immer wieder Charaktereigenschaften nennt, kann man auch solche Vorschläge aufnehmen. Um später eine gute abwechslungsreiche Geschichte zeigen zu können, sollten mindesten 8-10 Gefühle gesammelt werden. Gerne auch mehr. Es müssen später nicht zwingend alle verwendet werden.

Zum Schluss braucht man noch eine Vorgabe, wo die Geschichte spielen soll. Je mehr Spieler, umso schwieriger wird es, daher würde ich empfehlen dieses Format nur zu zweit zu spielen und bei der Vorgabe nach einer Örtlichkeit fragen, an der zwei Menschen aufeinandertreffen können.

Die Szene beginnt anhand der Vorgabe noch ohne ein spezielles Gefühl und nach einer kurzen Etablierung vergibt der Moderator nach Geschmack und Gespür Gefühle für einen oder für beide Spieler. Er kann dadurch einen starken Einfluss auf den Verlauf und die Spannungskurve der Geschichte nehmen. Er kann es den Spielern einfach, aber auch schwer machen.

Der Spieler, dem ein neues Gefühl zugewiesen wird, setzt es sofort um. Ziel und Herausforderung ist es, die emotionale Vorgabe sofort zu rechtfertigen und nicht die Geschichte solange weiterlaufen zu lassen, bis das Gefühl irgendwann passt.

Der Spieler, der kein neues Gefühl vom Moderator bekommt, behält weiterhin seine bisherige Emotion bei. Natürlich hat der Moderator auch die Möglichkeit beiden Spielen gleichzeitig ein neues Gefühl zu geben, auch beiden das gleiche.

Ebenfalls entscheidet der Moderator, wann eine Geschichte zu Ende geht, in dem er ankündigt, dass Spieler A und Spieler B nun das letzte Gefühl bekommen.

Replay

Bei diesem Format wird eine Geschichte mehrmals erzählt, daher der Name. Im Idealfall spielen drei Spieler, wobei jeder für einen Abschnitt im

Storytelling zuständig ist. Also Einer etabliert, Einer bringt eine Irritation und der Dritte löst das Problem und beendet die Szene.

Als Vorgabe empfehle ich eine Tätigkeit abzufragen. Besser noch eine handwerkliche Tätigkeit in Haus, Hof oder Garten. Denn so etwas lässt sich einfach etablieren.

Wichtig bei Replay ist, dass die Geschichte sehr kompakt ist. Kurz etablieren, ein Problem, eine Lösung. Emotionen ja, aber nicht zu starke. Grund ist, dass die komplette Geschichte ja wiederholt werden soll und sich alle Spieler die Handlung, die Personen und auch das Scenepainting merken müssen.

Vor der Wiederholung fragt der Moderator beim Publikum für jeden Spieler eine neue Eigenschaft ab. Wichtig ist, dass der jeweilige Spieler diese Eigenschaft nicht eh schon hatte. Wenn jemand im ersten Durchgang eine Frohnatur gespielt hat und in der zweiten Runde dann „glücklich" als Vorgabe bekommt, gibt das nicht viel Spielraum sich zu ändern.

In der Wiederholung wird nun die gleiche Geschichte nochmal gespielt. Also dieselben Menschen treffen am selben Ort aufeinander und es geht um die gleiche Tätigkeit. Unterschiede gibt es nur im Detail und dadurch begründet, dass man die neuen Eigenschaften gut erkennen sollte.

Wer sich traut, kann nun noch eine dritte Runde spielen, hier wird dann nach einem Genre gefragt (die Gefühle der zweiten Runde gelten dann nicht mehr). Nun spielt man die Szene in diesem Genre. Hier kann sich dann mehr verändern. Bei Horror kann das Problem auch ganz anders gelöst werden.

Mal ein fiktives und stark verkürztes Beispiel vom ersten Durchgang. Vorgabe ist: Ein Zimmer streichen.

Spieler A streicht (wortlos) eine Wand (<- Etablieren der Vorgabe). Spieler B kommt rein und sagt „Schatz, warum streichst du das Kinderzimmer in rosa? Wir bekommen doch einen Jungen, der wird ja psychisch gestört durch die falsche Farbe." (<- Wer, Wo, Was und Irritation). Spieler C kommt hinzu: „Der Frauenarzt hat grad angerufen und gesagt, dass er sich getäuscht hat, es wird doch ein Mädchen" (<- Problem gelöst).

Ist das Genre Horror, darf auch mehr verändert werden. Vielleicht wird die Farbe blutrot oder wurde tatsächlich aus Blut hergestellt. Vielleicht metzelt die werdende Mutter den Vater wegen der falschen Farbe nieder.

Da die eigentliche Geschichte ja vorher schon zweimal gespielt wurde, schafft das Publikum es problemlos mit solchen geänderten Tatsachen umzugehen und es bleibt glaubwürdig, weil die Änderungen eben durch das Genre begründet sind.

Teamwechsel

Hier handelt es sich wieder um ein moderiertes Spiel. Vier Akteure werden gebraucht, die sich jeweils zu zweit zusammentun und ein Team bilden.

Der Moderator holt sich als Vorgabe am besten ein Abenteuer, das man gemeinsam erleben kann. Zum Beispiel eine Wanderung in die Berge.

Ein Zweierteam beginnt die Geschichte und irgendwann ruft der Moderator dann „Teamwechsel“. Die beiden Spieler rennen von der Bühne und lassen sich durch die beiden anderen Spieler austauschen. Die nehmen genau die gleichen Rollen ein, also spielen die gleichen Personen, mit der gleichen Körperhaltung, übernehmen auch die etablierten Charaktereigenschaften und spielen die Geschichte nahtlos weiter, bis der Moderator wieder „Teamwechsel“ ruft.

ABC

Ein sehr bekanntes und recht einfaches Format ist das ABC-Spiel. Hierbei wird eine Geschichte in 26 Dialogeinheiten erzählt. Jede Dialogeinheit beginnt mit dem nächsten Buchstaben im Alphabet.

Neben einer gewöhnlichen Vorgabe kann man sich auch einen Startbuchstaben vom Publikum holen. Bewährt hat sich da die Frage nach dem Lieblingsonkel, oder Lieblingstante und dann den ersten Buchstaben des Vornamens.

Nehmen wir mal an, der Onkel heißt Hans, also beginnt ein Spieler die erste Dialogeinheit mit „H“. Die zweite Dialogeinheit vom zweiten Spieler beginnt mit „I“ dann wieder der erste Spieler mit „J“ usw. bis man nach X, Y, Z, A, B, C wieder beim „H“ ankommt.

Wir machen immer 27 Dialogeinheiten und beginnen und enden somit immer mit dem gleichen Buchstaben. Viele spielen es so, dass eine Dialogeinheit einem Satz entspricht. Wir nehmen das nicht so genau und erlauben uns auch mal zwei, manchmal drei Sätze. Besser, als einen endlos geschachtelten Satz zu formulieren. Es dürfen allerdings nicht zu viele Sätze werden, sonst ist fürs Publikum das ABC nicht mehr gut genug zu erkennen.

Es empfiehlt sich hier nur zu zweit zu spielen. Bei mehr Spielern braucht man zusätzliche Absprachen, ob man sich immer im Kreis abwechselt oder ob jeder immer sich die nächste Dialogeinheit krallen darf, dem eben etwas dazu einfällt.

Zettelspiel

Der Klassiker bei den Improformaten ist das Zettelspiel. Es ist ideal, wenn es nach einer Pause stattfindet, denn es braucht etwas Vorbereitung. Das Publikum muss viele Zettel mit jeweils einem Satz schreiben.

Die Zettel werden dann wahllos auf der Bühne verteilt und die Spieler bauen sie dann nach und nach in ihre Geschichte ein. Zunächst sollte man nur vereinzelt einen Zettel nehmen, im Laufe der Szene kann die Frequenz dann gesteigert werden.

Wichtig ist, dass der Zettel sofort laut vorgelesen wird und dann unmittelbar die Rechtfertigung stattfindet. Das ist der Reiz und die Herausforderung. Wer den Zettel erst still liest und den Satz erst dann sagt, wenn er Sinn macht, der nimmt dem Ganzen das Spontane. Denn der Satz fügt sich zu gut ein und das Publikum kann gar nicht unbedingt erkennen, dass das ein Satz vom Zettel war.

Tipp: Lasst die gelesenen Zettel nicht einfach fallen, sonst nehmt ihr unter Umständen zweimal den gleichen hoch. Besser ist es, ihn entweder zu zerknüllen und in eine Ecke zu werfen oder einfach in die Hosentasche zu stecken.

Je nachdem wie fleißig das Publikum war, müsst ihr keinesfalls alle Zettel einbauen. Das ist kaum erreichbar, schließlich soll ja auch noch eine Geschichte erzählt werden. Hebt die Ungelesenen aber gerne auf und verwendet sie bei einer Übungssession.

Dreieck

Bei diesem Format dreht sich im wahrsten Sinne des Wortes alles um die Zahl drei. Es ist eigentlich ein recht simples Strukturspiel, aber rein mit Worten schwer zu erklären.

Es stehen zu Beginn drei Spieler auf der Bühne, die sich im Dreieck anordnen. Zwei vorne und einer hinten. Immer die beiden die vorne stehen, spielen gemeinsam eine Szene, bleiben aber überwiegend auf ihrer Position, damit das Dreieck immer erkennbar bleibt. Im Laufe des Spiels dreht sich dieses Dreieck immer um eine Position weiter, so dass drei Spielerkombinationen vorne stehen können.

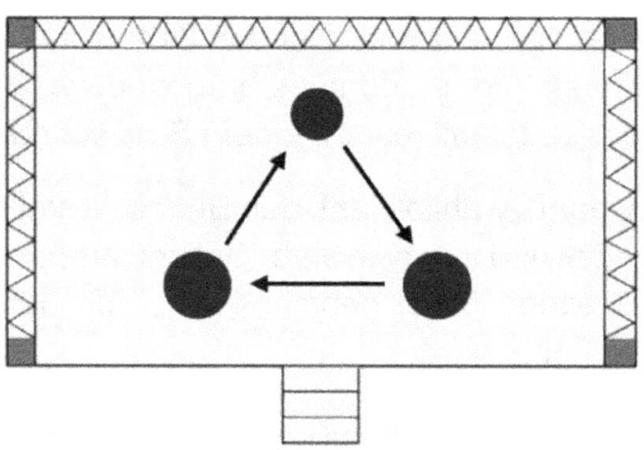

Es gibt also drei voneinander unabhängige Geschichten und daher brauchen wir auch drei Vorgaben. Es hat sich bewährt, dass immer der Spieler vorne rechts (aus Spielersicht) eine Vorgabe holt. Man dreht das Dreieck zu Beginn also dreimal im Uhrzeigersinn, damit man drei Vorgaben erhält. Erst dann geht es los.

Das erste Spielerpaar leitet in seine Geschichte ein, etabliert sie und sobald irgendeiner (das kann auch der sein, der hinten steht) den Impuls hat, leitet er die erste Drehung ein. Dann spielt das zweite Paar und schließlich das dritte. Wenn dann die ersten beiden wieder vorne stehen, fahren sie mit ihrer Zweiergeschichte fort und das Rotieren beginnt erneut. In der dritten Runde sollte jedes Paar dann ein Ende für die jeweilige Geschichte finden.

Zusammengefasst: In drei Runden erzählt jedes Zweierteam genau eine Geschichte.

Man kann das Dreieck auch in einer moderierten Variante aufführen. Dabei entscheidet der Moderator, wann gedreht wird und er hat auch die Macht das Dreieck um mehr als eine Position zu drehen oder auch gegen den Uhrzeigersinn. Dadurch kann er etwas steuernd eingreifen, wenn eine Geschichte nicht mehr vorwärts geht oder ein Team vielleicht noch ein viertes Mal vorne stehen muss, um ein Ende zu finden.

Es ist auch eine Variante bei den Vorgaben möglich:
So kann man zusätzlich zu den drei Einzelvorgaben eine übergreifende Vorgabe einsammeln. Für das Publikum ist es spannend, wenn in drei völlig unterschiedlichen Szenen immer der gleiche Gegenstand (natürlich im jeweiligen Kontext) auftaucht.

Eine weitere Variante ist es, aus dem Dreieck ein Viereck zu machen. Es stehen dann immer zwei Spieler hinten und zwei spielen vorne. Insgesamt werden also vier Geschichten erzählt. Die restlichen Regeln bleiben gleich.

Gefühlswaage

Für dieses Format wird die Bühne in der Mitte virtuell geteilt. Das Publikum definiert für die linke und die rechte Hälfte jeweils ein Gefühl und gibt zusätzlich noch eine Örtlichkeit als Vorgabe.

Die Spieler (Zwei sind meiner Meinung nach angemessen) müssen nun immer mit dem Gefühl spielen, das der Seite, auf der sie sich gerade aufhalten, zugewiesen wurde. Wechseln sie die Seiten, so muss sich auch das Gefühl entsprechend ändern.

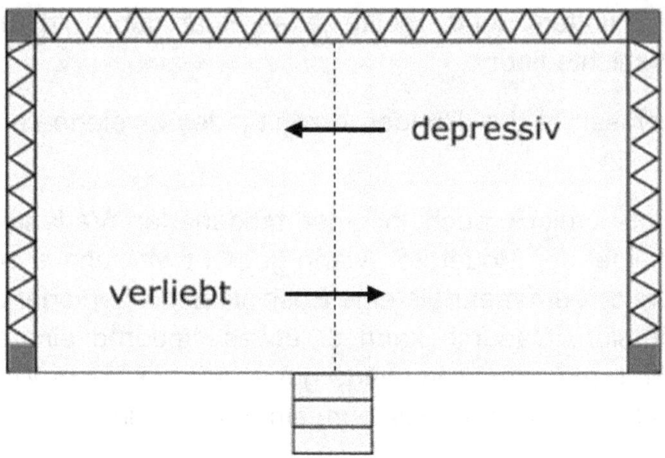

Tipps:
Die Spieler sollten sich immer eindeutig auf einer Seite aufhalten, nie zu nah an der Mitte, der Übergang ist aus Publikumssicht nicht immer eindeutig zu erkennen.

Ähnlich wie bei der emotionalen Achterbahn sollte man nicht auf ein Gefühl szenisch hinarbeiten, um dann einen Grund zu finden die Seite zu wechseln, sondern umgekehrt. Man wechselt die Seiten, weil es von der Story her passt und versucht dann das jeweilige Gefühl zu rechtfertigen.

Es ist egal ob ihr für die beiden Seiten positive, negative oder gegensätzliche Gefühle als Vorgabe annehmt. Achtet aber darauf, dass die Gefühle aus unterschiedlichen Kategorien (siehe Kapitel ‚Gefühle') kommen, denn sonst ist der Unterschied nur schwer darstellbar.

Halbzeit

Ähnlich wie bei Replay wird hier eine Geschichte immer wieder wiederholt. Allerdings ändern sich bei Halbzeit nicht die Gefühle oder Genres, sondern der herausfordernde Faktor ist die Zeit.

Hat man für die erste Runde noch 60 Sekunden Zeit, stehen für die zweite nur noch 30 Sekunden zur Verfügung, dann 15, dann 8, 4, 2 und die letzte Runde erzählt die komplette Geschichte in einer Sekunde.

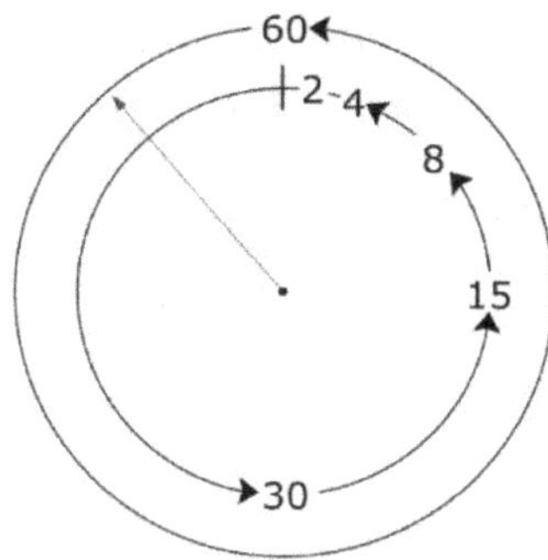

Unmöglich? Nein, das geht. Entscheidend ist, dass die erste Geschichte nicht zu komplex ist. Daher einfache Vorgabe holen, klare Fakten erzählen, typische Gestik zeigen, aussagekräftige Sätze verwenden.

Mit jeder Runde kann das Etablieren gekürzt werden, so dass am Ende vielleicht nur noch ein Wort und die Geste ausreichen. Man darf nicht vergessen, dass das Publikum ja nach der ersten Runde bereits weiß, wie die Geschichte verläuft, so dass es auch die extrem verkürzte Variante versteht.

Beispiel:
Die Frau ist zuhause und geht irgendwelchen typischen Routinetätigkeiten nach. Dann kommt der Mann nach Hause.

Frau überrascht: „Oh Schatz, du kommst heute aber früh aus der Arbeit. Geht es dir nicht gut?"

Er macht eine theatralische Geste und hält sich mit schmerzverzerrtem Gesicht den Kopf: „Ich habe höllische Kopfschmerzen, darum hat mich mein Chef heimgeschickt."

Frau besorgt: „Ach du Armer, dann setz dich mal hin, ich hole dir eine Kopfwehtablette." Frau holt Tablette und ein Glas Wasser

Der Mann schluckt die Pille und sagt „Danke Schatz, dass du immer für mich da bist und dich um mich kümmerst."

Mit jeder Runde müssen nun die Aussagen immer kürzer werden. Zum Beispiel: Frau: „Schon daheim? Krank?" – Mann: „Ja, Kopfweh" – Frau: „Oh, dann nimm ´ne Pille" – Mann: „Danke"

Bei der 1s-Version macht er Mann nur noch die Geste, während die Frau praktisch gleichzeitig „Pille“ sagt – fertig.

Um die Zeit zu überwachen solltet ihr eine Stoppuhr haben. Die kann entweder der Moderator im Auge behalten oder man delegiert die Aufgabe an jemanden aus dem Publikum. Bei der ersten und zweiten Runde, also bei 60s und 30s sollte man den Spielern etwa 10s vor Ende kurz Bescheid geben.

Als Variante kann man auch zwei Teams gegeneinander antreten lassen. Die erste Gruppe spielt dann die 60 Sekunden, die zweite die 30 und immer abwechselnd. Mit gegenseitigen Sticheleien kann man den Wettkampfcharakter noch etwas hervorheben.

Aber nicht vergessen:
Ihr seid trotz gespieltem Wettkampf ein Ensemble und niemand von euch sollte schlecht auf der Bühne aussehen, also bleibt charmant.

Schachtelfreeze

Wir spielen Schachtelfreeze gerne als letztes Format in einer Show, weil hier alle nochmal auf der Bühne stehen. Los geht es aber mit einem einzelnen Spieler. Der bekommt eine Vorgabe vom Publikum und stellt diese dann überwiegend pantomimisch dar. Das Beschreiben der eigenen Tätigkeit finde ich nicht natürlich und daher unangemessen.

Irgendwann ruft dann ein zweiter Spieler „Freeze“, kommt auf die Bühne und man beginnt zu zweit eine komplett neue Geschichte. Dann kommt wieder ein „Freeze“ und ein dritter Spieler startet die dritte Geschichte, bis am Ende alle Spieler auf der Bühne sind.

Danach geht’s umgekehrt wieder zurück. Der letzte Spieler muss sich irgendwie aus der Geschichte verabschieden (und diese damit auch inhaltlich beenden). Die verbleibenden spielen dann ihre vorherige Geschichte weiter und beenden sie, solange bis am Ende wieder der erste Spieler allein auf der Bühne steht und seine Einzelgeschichte beendet.

Struktur Schachtelfreeze

Geschichte 1	❶
Geschichte 2	❶ ❷
Geschichte 3	❶ ❷ ❸
Geschichte 4	❶ ❷ ❸ ❹
Geschichte 3	❶ ❷ ❸
Geschichte 2	❶ ❷
Geschichte 1	❶

Es werden also so viele unterschiedliche Geschichten erzählt, wie es Spieler (hier im Beispiel vier) gibt. Bis auf die letzte, werden alle in zwei Teilen dargestellt. Zwischen den beiden Teilen sollte beliebig viel Zeit vergangen sein. (siehe Kapitel ‚Zeitsprünge')

Die größte Herausforderung ist es, sich zu merken, welche Geschichte man in welcher Konstellation gespielt hat. Je mehr Spieler umso schwieriger.

Tipp:
Immer der, der auf die Bühne geht, merkt sich „seine" Geschichte, so muss sich jeder nur an eine Geschichte erinnern und kann den Impuls setzen, damit sich auch die anderen wieder erinnern. Jedoch ist selbst dies ist manchmal schwieriger, als es sich jetzt anhört.

Vorgaben

Noch ein paar Denkanstöße zum Thema Vorgaben. Überlegt euch im Team, welche Vorgaben ihr auch wirklich spielen wollt und könnt. Es gibt immer wieder jemanden im Publikum, der meint besonders kreativ und lustig zu sein und daher eher fragwürdige Dinge vorschlägt.

Ihr solltet euch einig sein, ob ihr Szenen auf einer Toilette oder im Puff spielen wollt. Fragt euch auch, ob eine Tätigkeit wie „Nasebohren" genug Inspiration liefert.

Achtet bei Vorgaben darauf, dass sie umsetzbar und nicht zu detailliert sind.

Wird als Location der Grund des Bodensees vorgeschlagen, dann habe ich als Spieler eigentlich nur zwei Möglichkeiten. Ich kann die Vorgabe so stark abwandeln, dass es eher um einen Tauchausflug dorthin geht, also die eigentliche Örtlichkeit nur ganz kurz besucht wird. Allerdings ist das dann kurz vor der Themaverfehlung und lässt mich und die Gruppe eventuell schlecht aussehen.

Alternativ spiele ich tatsächlich dort eine Szene, gehe vielleicht ins SciFi-Genre und erschaffe Möglichkeiten dort unten zu sprechen und mich natürlich zu bewegen.

Vielleicht entscheide ich mich aber auch einfach für eine andere Vorgabe. Normalerweise macht das Publikum mehrere Vorschläge.

Wie sieht es aus, wenn das Publikum vorschlägt: „In einem Bergwerk, wo ein Teil des Tunnelsystems eingestürzt ist und die Arbeiter eingeschlossen hat."

Würde ich ablehnen. Die Vorgabe ist viel zu detailliert, sie beinhaltet ja praktisch schon die ganze Geschichte. Die Vorgabe impliziert die Etablierung und auch schon die Irritation. Hier habe ich keinen Platz mehr für eigene Kreativität. Vielleicht kann man sich mit dem Publikum auf die reduzierte Vorgabe „In einem Bergwerk" einigen.

Was macht ihr, wenn ihr als Genre-Vorgabe „Steampunk" genannt bekommt? Zumindest ich kannte das, bevor ich eben gegoogelt habe, nicht und könnte es daher nicht umsetzen.

Niemand weiß alles, darum fragt in solchen Fällen einfach mal nach. So nach dem Motto „Was ist für dich das Entscheidende in diesem Genre?“

Wenn derjenige es erklären kann, dann wisst ihr, wie man es spielt, aber wer weiß, vielleicht kann er es selbst gar nicht erklären, dann habt ihr die Lacher auf eurer Seite.

Übrigens: Steampunk sind Geschichten, die in der Vergangenheit spielen, bei der aber Techniken verwendet werden, die eher in der Zukunft liegen. Zeitreisengeschichten gehören wohl dazu.

Versucht die Vorgaben immer auf eure Formate anzupassen. Beim Dreieck, das ja eher statisch funktioniert, ist ein gemeinsames Abenteuer als Vorgabe eher kontraproduktiv, da so etwas von körperlicher, aber eben auch räumlicher Bewegung lebt.

Bei der Gefühlswaage ist es dagegen wichtig, eine Örtlichkeit zu finden, die eher weitläufig ist. Nun nicht unbedingt so riesig und kahl wie vielleicht die Sahara, aber auch nicht unbedingt so winzig wie eine Besenkammer.

Bei einer Show ist es Aufgabe des Moderators geeignete Vorgaben anzunehmen. Wenn ihr nicht selbst moderiert, dann sprecht euch vorher ab, was für euch ein No-Go ist.

Das Spiel im Spiel

Wenn man innerhalb eines Formats dessen Regeln oder Strukturen dazu verwendet, um bewusst die Mitspieler zu ärgern, bzw. herauszufordern, dann spricht man von einem Spiel im Spiel. Man spielt also in einem Spiel ein Spiel mit den Mitspielern. In manchen Formaten ist das gut machbar, in anderen aber auch nicht.

Gleich ein Beispiel, aber vorab nochmal der dringende Hinweis:

> Lass‘ deine Mitspieler gut dastehen, dann stehst du auch selbst gut da.

Ihr seid eine Gruppe, ein Ensemble, das gemeinsam Erfolg haben will. Daher geht immer respektvoll miteinander um. Lasst aus dem Ärgern also bitte kein böswilliges Mobbing, das nur dem eigenen Erfolg dienen soll, entstehen.

Umgekehrt nehmt bitte nicht jedes Ärgern als persönlichen Angriff gegen euch wahr. Spielt einfach mit, erfreut euch an der Wirkung, die es für das Publikum hat und „wehrt“ euch, indem ihr selber auch mal so ein Spiel im Spiel einleitet.

Beispiel: Teamwechsel.

In meiner Beschreibung dieses Formats habe ich ja erzählt, dass der Moderator immer den Impuls bringt, wann das Team ausgetauscht werden soll. Vielleicht kann man den Moderator auch mal übergehen und selbst „Teamwechsel“ rufen.

Angenommen es kommt in einer Szene dazu, dass ein Paar gleich leidenschaftlich übereinander herfällt. Kurz bevor die beiden sich auf der Bühne küssen, können sie selbst Teamwechsel rufen, sich damit aus der Situation retten und dadurch das andere Team dazu „zwingen“ den Kuss darzustellen.

Natürlich kann auch der Moderator so etwas einleiten. Denkbar ist auch, dass man ein Team einwechselt, es nur einen Satz sagen lässt und dann sofort wieder auswechselt. So kommt viel Bewegung auf die Bühne und das Publikum hat in der Regel Spaß an solchen Absurditäten in der Regelauslegung.

Aber wie immer gilt: Nicht übertreiben. Besonders zu Beginn einer Geschichte sollte jedes Team erstmal ausreichend Bühnenzeit haben, damit das Publikum sich an die beiden Teams gewöhnen kann. Im Laufe der Szene kann man die Auswechselgeschwindigkeit dann steigern.

Bei welchen Spielformaten könnte man noch so ein Spiel im Spiel einsetzen?

Die vierte Wand

Anders als normale Räume hat eine Bühne nur drei feste Wände. Hinten und an den Seiten. Nach vorne ist sie naturgemäß offen. Vielleicht gibt es einen Vorhang, aber während einer Szene ist der auf jeden Fall geöffnet.

Soweit so klar, aber das bedeutet auch, dass man sich auf einer Bühne anders bewegen und positionieren muss, wie man es vielleicht in einem gewöhnlichen Raum täte. Normalerweise will man dem Publikum ja nicht seine Rückseite präsentieren.

Dennoch kann und soll man diese vierte Wand als Wand betrachten. Wie beim Scenepainting schon erwähnt macht es Sinn an dieser Wand Dinge zu positionieren, sei es ein Schrank, ein Fernseher oder auch ein Fenster.

Wenn man im Freien einen Weg zurücklegt, dann geht dieser immer in die Richtung der „vierten Wand". Auf einem Aussichtsturm blickt man auch immer in diese Richtung. Logisch, denn so spielt man immer Richtung des Publikums, wird gesehen und akustisch gut verstanden.

Während in Filmen, Serien und den großen Bühnenstücken die vierte Wand fast nie durchbrochen wird, kann das beim Improtheater schon manchmal Sinn machen. Zum Beispiel für Regie-Anweisungen (siehe Kapitel ‚Zeitsprünge') oder im Rahmen der Moderation eines Spieles.

Auch sonst kann es manchmal pfiffig sein die vierte Wand kurzzeitig zu ignorieren. Wenn man während einer Szene kurz in einen Monolog gehen möchte, dann kann man sich dem Publikum zuwenden und diesem direkt von seinen inneren Sorgen und Problemen erzählen.

Augenkontakt oder auch eine Geste zu einzelnen Zuschauern ist durchaus möglich. Man sollte jedoch keinen Dialog mit dem Publikum beginnen. Der Mitspieler verhält sich währenddessen ruhig. Er hört selbstverständlich was gesagt wird, aber seine Rolle bekommt davon offiziell nichts mit. Trotzdem kann es Inspiration für das weitere Spiel sein.

Übrigens gibt es einen Unterschied zwischen solchen Monologen direkt zum Publikum und Szenen, bei denen man allein auf der Bühne steht. Letztere sollten diese virtuelle Barriere natürlich nicht aufheben.

Shows

Natürlich gibt es Improspieler im Hobbybereich, die einfach nur Spaß am Spielen haben, jedoch keinerlei Bedürfnis verspüren, ihr Können auch vor anderen, vielleicht fremden Menschen zu präsentieren. Das ist absolut ok, niemand wird gezwungen vor einem Publikum aufzutreten. Dieser Abschnitt des Improbooks ist für diesen Personenkreis allerdings dann eher theoretischer Natur.

Das gilt auch für diejenigen, die schon länger in einer festen Gruppe aktiv sind und bereits regelmäßige Shows aufführen. Ihr habt sicher zu allen folgenden Themen schon eine Lösung gefunden, aber vielleicht kann ich dennoch ein paar neue Anregungen und Impulse setzen.

Wir in unserer Gruppe führen meist nur 1-2 Mal im Jahr eine öffentliche Show auf. Die ist dafür entsprechend professionell ausgelegt. Unsere Motivation ist neben der Selbstdarstellung und der Präsentation des Erlernten auch der Adrenalinschub. Während einige gerne mit Fallschirm aus dem Flugzeug oder am Gummiseil von einer Brücke springen, brauchen andere eher verrückte Achterbahnen oder Ähnliches. Bei uns kommt das Adrenalin, der Kick, aus dem Lampenfieber.

In den folgenden Kapiteln betrachte ich zuerst den Zeitraum der Showplanung, also von der Idee mal (wieder) eine Show aufzuführen bis zu dem Zeitpunkt, zu dem ein Termin steht und die Einladungen verschickt wurden.

Im zweiten Kapitel liegt das Augenmerk dann auf dem Tag der eigentlichen Aufführung. Was sollte man bedenken, auf was vorbereitet sein usw.

Eine Show planen

Bitte achtet auf Datenschutz sowie jegliche gesetzlichen Vorgaben bzgl. Einnahmen (Steuern), Versicherung und Werbung.

Es gibt in jeder Gruppe immer jemanden, der irgendwann das Bedürfnis verspürt einen Schritt weiter zu gehen und das Thema Show aufbringt. Da wir als Schauspieler naturgemäß das Bedürfnis haben uns zu präsentieren, sind oft die anderen ebenfalls dafür.

Je eingespielter eine Gruppe ist, umso besser weiß man voneinander welche Vorgaben für wen einfach oder herausfordernd sind. Irgendwann fängt man auch an ähnlich zu denken. Das ist fürs Zusammenspielen ein großer Vorteil, aber es hält die Gruppe auf einem gleichbleibenden Level.

So eine Show kann daher nicht nur das einzelne Bedürfnis nach Beachtung stillen, sondern wird auch die Qualität einer Improgruppe steigern. Es sitzen im Publikum immer wieder Menschen, die völlig anders denken, als die Gruppe es bisher tat und es wird zu Vorgaben kommen, mit denen man im, Voraus kaum rechnen kann.

Bei uns wird natürlich niemand gezwungen mit auf die Bühne zu gehen, es ist alles freiwillig. Allerdings motivieren wir schon sehr stark und bisher war tatsächlich jeder begeistert, nachdem er auf der Bühne stand. Motivation und Engagement steigen nach einem Auftritt und die Praxisrelevanz der Übungen wird aus einer ganz anderen Perspektive wahrgenommen, nämlich aus der des Publikums.

Also, einer schlägt vor eine Show aufzuführen und nehmen wir an, der Großteil der Gruppe ist dafür. Dann kommt es schon zum ersten kleinen Adrenalinschub und man beginnt mit einem Brainstorming. Die ersten Gedanken drehen sich meistens um diese beiden Themen:

1. Was führen wir auf, also welche Spielformate?
2. Wann und wo treten wir auf.

Erstaunlicherweise ist die erste Frage eine der unwichtigsten, denn die kann man auch noch kurz vor dem Auftritt klären. Man sollte sich zunächst auf das fokussieren, was die längste Vorlaufzeit hat und das sind im Normalfall die Terminfindung und die Lokation.

Lokation und Terminfindung

Als Ersttäter will man vielleicht nicht gleich vor die breite Öffentlichkeit treten. Da bietet sich Auftritt unter dem Motto „Family & Friends“ an. Man lädt also nur Freunde und Verwandte ein. Der Vorteil liegt hier eindeutig darin, dass die euch mögen und Unsicherheiten, welcher Art auch immer, verzeihen werden.

Eine Lokation braucht man trotzdem, aber vielleicht ist der Raum, in dem man trainiert ja groß genug, um einen Teil davon zu bestuhlen. Das wäre die praktischste und günstigste Lösung und hier ist auch die Terminfindung einfach. Man nimmt einfach eine Trainingseinheit dafür her.

Ist der eigene Raum nicht geeignet, kann man in kleinen Cafés / Bistros nachfragen, ob die vielleicht Interesse haben. In Ballungszentren gibt es oft Stadtteile, in denen die Kleinkunstszene tobt. Allerdings ist das manchmal mit Kosten verbunden, vor allem wenn man nur geladene Gäste (Family & Friends) dabeihaben möchte, also eine geschlossene Gesellschaft plant. Vielleicht entschließt man sich aber auch Laufkundschaft einzulassen, dann könnte es sein, dass man die Räumlichkeiten kostenlos nutzen kann und die Gäste bringen Geld durch den Verzehr.

Letzteres ist auch bei richtigen Bühnen möglich, die gleichzeitig auch eine Gastronomie anbieten. Manchmal bieten traditionsreiche und große Restaurants so etwas an. Man muss vorab klären, wie viele Personen ungefähr kommen werden, um den Lokalen eine Planungssicherheit zu geben.

Auch wir nutzen diese Möglichkeit. Ein Restaurant mit Hotel stellt uns kostenlos die Bühne und eine ganz grundlegende Tontechnik, dafür sorgen wir dafür, dass der Saal voll wird (ca. 60 Plätze). Für beide eine klassische Win-Win-Situation. Die Vorlaufzeiten sind hier oft höher, denn richtige Bühnen sind gefragt. Zumindest wenn es in oder in der Nähe von Ballungszentren ist. Rechnet mit mehreren Wochen oder ggf. sogar einigen Monaten. Am besten ihr lasst euch ein paar mögliche Termine geben und sucht euch als Gruppe dann einen aus.

Sollte sich gar nichts finden lassen, kann man bei anderen Improgruppe mal nachfragen, wo sie auftreten. Vielleicht überlässt eine Gruppe ja mal den eigenen Auftrittsort. Denkbar sind übrigens auch Open-Air-Shows. Außer dass sie stark vom Wetter abhängig sind, fragt bitte sicherheitshalber bei der Stadt oder Gemeinde um Erlaubnis.

Eintritt und Tickets

Während bei einer Family & Friend-Show in der Regel kein Eintritt verlangt, sondern bestenfalls am Ende um eine kleine Spende gebeten wird, sollte ihr bei öffentlichen Auftritten unbedingt etwas verlangen. Wer kostenlos spielt, vermittelt den Eindruck, dass das eigene Können nichts wert ist. Es wird potenzielles Publikum abgeschreckt, das niemanden sehen will, der vermeintlich nichts kann.

Stellt euch mal vor ein Finanzberater kommt in einem alten klapprigen Auto vorgefahren. Nimmt man dem ab, dass er euer Geld vermehren wird, wenn er es bei sich selbst offenbar nicht mal geschafft hat? Klar, das ist massives Schubladen- und Klischeedenken, aber viele Menschen denken eben so und ganz nach dem Motto „Kleider machen Leute“ macht ihr euch durch einen Eintritt selbst wertvoller.

Ich kenne das Gefühl, wenn man von der eigenen Qualität vielleicht noch nicht genug überzeugt ist und sich daher scheut Eintritt zu nehmen. Überwindet euch und beginnt in einer ersten öffentlichen Show mit vielleicht nur 5 Euro Eintritt. Das ist weniger als ein Kinobesuch kostet und sollte für jeden bezahlbar sein. Immer noch zu viel? Dann macht eine VIP-Liste, das heißt alle, die ihr persönlich kennt, kommen auf diese Liste und erhalten eine zusätzliche Vergünstigung.

Anstelle einer VIP-Liste oder allgemein, wenn Eintritt verlangt wird, kann sich der Einsatz eines Ticket-Tools lohnen. Es nimmt einem sehr viel Arbeit ab und bietet auch sonst Möglichkeiten, die einem das Leben vereinfachen.

Eine (derzeit) kostenlose Variante ist zum Beispiel yesticket.de. Dort hat man sich auf Improgruppen / -shows spezialisiert und bietet immer wieder neue Features an, die auch kleinen Gruppen helfen können. So kann man dort auch kostenlose Shows organisieren, genauso wie Online-Shows.

Natürlich bieten sie eine Online-Zahlung inkl. verschiedener Preiskategorien an, verwalten Gästelisten, holen Feedback nach den Shows ein und vieles mehr.

Moderator und Musiker

Ist eine Auftrittsmöglichkeit gefunden, kann man sich Gedanken machen, wieviel Professionalität man haben möchte. Während man einzig vor Freunden und Familien eher locker bleiben kann und keine Profis anheuern braucht, sollte man bei öffentlichen Auftritten schon mal einen Gedanken dafür aufbringen.

Sowohl ein professioneller Moderator als auch ein Musiker können eine Show massiv aufwerten. Der Moderator hält den Spielern den Rücken frei, sie können sich also vollkommen auf ihren Auftritt fokussieren. Ebenso versteht es ein Moderator das Publikum zu motivieren und bei Laune zu halten, so dass ihr als Spieler eigentlich immer gut dasteht.

Andererseits ist so jemand in der Regel auch mit Kosten verbunden, außer ihr habt jemanden in Bekanntenkreis, der entsprechende Erfahrung hat und euch unterstützen will. Wenn ihr schon mal Improworkshops besucht habt oder euch ab und zu einen eigenen Trainer gönnt, würde ich da mal nachfragen. Vielleicht gibt es da Sonderkonditionen, die sich dann über einen Eintritt und einen kleinen persönlichen Zuschuss von jedem finanzieren lassen. Ich finde das lohnt sich besonders für Einsteiger, die einen Hauch von Professionalität ausstrahlen wollen.

Ähnlich ist es bei einem Musiker. Der spielt keinesfalls einstudierte Stücke, sondern er lässt sich von dem inspirieren, was die Spieler aufführen. Wird es auf der Bühne dramatisch, dann unterstützt er durch entsprechenden Sound. Er verstärkt also Emotionen, aber er kann den Spielern auch aus der Patsche helfen. Wird es in einer Szene langweilig, kann er durch die Musik seinerseits Inspiration für die Spieler sein.

Ihr braucht also jemanden, der frei und aus dem Stegreif Melodien oder Klänge spielen und gleichzeitig euren Geschichten folgen kann. Oft wird als Instrument das Piano genutzt, weil man damit gut zwischen laut und leise variieren kann. Viele Bühnen verfügen sogar schon über ein Klavier, das man ggf. nutzen kann. Ansonsten kann man sich aber auch mit einen E-Piano helfen.

Solltet ihr einen Musiker finden, der noch keine Erfahrung im Begleiten von Improtheater hat, dann probt das unbedingt und geht mit ihm auch die für einen Auftritt geplanten Formate durch. Das wird ihm helfen zu verstehen was ihn erwarten wird und damit auch entsprechend selbst zu improvisieren.

Spielformate planen

Habt ihr einen Raum und einen Termin festgelegt, dann könnt ihr euch Gedanken machen, was ihr überhaupt spielen wollt. Während die Fortgeschrittenen sich auch recht kurzfristig neue Formate aneignen können, sollten die Anfänger mit den Spielen arbeiten, die sie schon oft trainiert haben.

Überlegt euch auch eine Reihenfolge der unterschiedlichen Formate. Versucht dabei eine gute Mischung zwischen eher offenen Szenen, wie zum Beispiel Replay und Strukturspielen wie beispielsweise Dreieck zu finden. Auf ein Spiel, das viel Action verspricht, sollte ein Format folgen, bei dem es naturgemäß etwas langsamer zugeht.

Wählt als allererstes und letztes Format etwas, bei dem alle Spieler sich zeigen können. Das klammert einen Auftritt elegant ein. Wollt ihr das Zettel-Spiel aufführen, so legt es direkt nach die Pause, so dass das Publikum in der Zeit viele Zettel schreiben kann. Plant ihr, vielleicht aus Mangel an genug Formaten, nur eine kleine Friends & Family-Show, müsst ihr auch nicht zwingend eine Pause machen.

Entscheidet ihr euch für einen unabhängigen Moderator, der Improerfahrung hat, könnt ihr euch da sicherlich beraten lassen. Auf jeden Fall müsst ihr ihn in Kenntnis setzen, was ihr plant, damit er sich vorbereiten kann. Wie oben schon geschrieben gilt das auch für einen Musiker.

Trainiert vor dem Auftritt nochmal die komplette Show. Also alle Spiele in der geplanten Reihenfolge mit jeweils den Akteuren, die auch das jeweilige Format spielen werden. Entschließt ihr euch selbst zu moderieren (siehe Kapitel ‚Moderation'), dann trainiert auch das mindestens einmal.

Tipp: Die Liste und die Reihenfolge der oben genannten Spielformate entsprechen exakt einem unserer eigenen Auftritte. Verwendet das gerne als Grundlage für die eigene Planung.

Werbung

Rührt die Werbetrommel. Fangt damit etwa vier Wochen vor dem Auftrittstermin an und verstärkt es zwei Wochen vorher nochmal. Im Gegensatz zu Musicals oder klassischem Theater, geht man zu einer Improshow eher spontan. Zwar nicht so spontan wie ins Kino, aber man plant es nicht über viele Wochen oder gar Monate im Voraus.

Ladet auf jeden Fall eure Freunde, Verwandten und Kollegen ein. Die sind meist neugierig euch zu sehen und immer ein dankbares Publikum, das euch anfeuern wird. Wollt ihr die Show auch einer breiteren Masse zugänglich machen, dann bittet die Leute ihrerseits Freunde und Bekannte mitzubringen.

Soll es öffentlich werden, dann nutzt lokale Anzeigenblätter. Manche bieten in ihrer Online-Variante auch die Möglichkeit kostenlos Veranstaltungen einzutragen. Falls ihr bereit seid, einen kleinen Betrag zu investieren, nutzt die Möglichkeit in den sozialen Netzwerken Werbung zu schalten. Bei Facebook kann man zum Beispiel relativ günstig eine örtlich und thematisch begrenzte Werbeanzeige erstellen.

Seid ihr in einer improaffinen Facebook-Gruppe (oder WhatsApp oder was es sonst noch gibt), könnt ihr vielleicht auch dort für euch werben. Fragt aber unbedingt vorher beim Gruppenadmin nach und beachtet die dortigen Regeln.

Natürlich kann man auch Flyer und/oder Plakate drucken lassen. Das ist auch günstiger, als man im ersten Moment vielleicht denkt, erfordert aber etwas Geschick beim Design und Erstellen des Drucklayouts. Verteilt die Flyer bei euch in der Arbeit (natürlich nur nach Rücksprache mit dem Arbeitgeber) und/oder am Auftrittsort.

Folgende Infos sollten in der Werbung oder Anzeige enthalten sein (je nach Medium mehr oder weniger ausführlich):

- Wer seid ihr
- Wo findet die Show statt
- Datum und Beginn der Show
- Uhrzeit, ab wann Einlass ist
- Preise und Verweis auf ein eventuelles Ticketsystem
- Was führt ihr auf (Einfach nur eine Improshow, oder gibt es ein spezielles thematisches Motto und/oder ein paar motivierende Sätze)

Tipp:
Wählt ein Medium als Hauptmedium aus, wo ihr einfach Änderungen vornehmen könnt. Verweist dann von Einträgen in Veranstaltungskalendern etc. auf diese Seite. Optimal ist natürlich eine eigene Homepage, aber auch die Facebook-Veranstaltungen können sehr detailliert beschrieben werden und werden sogar von einigen Portalen direkt unterstützt.

Aufgaben aufteilen

Ihr solltet euch auch rechtzeitig einigen, wer sich beim Auftritt um was kümmert. So braucht es jemanden, der die Kasse macht. Der sollte Wechselgeld besorgen, eine Kasse und vielleicht einen Stempel, um die zu markieren, die den Eintritt bezahlt haben. Die Kasse sollte niemand machen, der auch auf der Bühne steht, da ja in der Regel bis zum Beginn der Show Einlass gewährt wird. In den letzten Minuten (siehe Kapitel ‚Vor dem Auftritt') findet aber ein WarmUp statt, an dem der Kassier somit nicht teilnehmen kann.

Plant ihr das Zettelspiel, dann muss sich jemand um einen Schwung Zettel und viele Stifte kümmern. Vielleicht auch noch um ein Gefäß, in dem die Zettel gesammelt werden. Ein Sektkühler oder ein Hut wären optisch ansprechende Gegenstände dafür.

Es bietet sich an Foto- und/oder Videoaufnahmen vom Auftritt zu machen. Vielleicht habt ihr einen Bekannten mit dem passenden Equipment, der das übernehmen kann. Dem würde ich den Eintritt dafür erlassen.

Wenn alle Vorbereitungen erledigt sind, könnt ihr in aller Ruhe eurem Auftritt entgegenfiebern und zielgerecht trainieren. Im nächsten Abschnitt erzähle ich euch, was es am Tag des Auftritts alles zu beachten gibt.

Eine Show aufführen

Es ist so weit, der große Tag steht vor der Tür. Vermutlich wird sich die erste Nervosität schon am Abend vorher einstellen. Eventuell wird auch die Nacht unruhig und wenig erholsam. Das ist normal. Selbst wenn ihr euch am nächsten Morgen gerädert und unausgeschlafen fühlt, glaubt mir, das werdet ihr beim Auftritt nicht mehr spüren.

Jeder Auftritt ist anders und die nötigen Vorbereitungen können sich abhängig von den räumlichen Gegebenheiten völlig unterscheiden. Wenn ich hier von Bühne spreche, dann meine ich den Bereich, der von euch bespielt wird. Unter Backstage verstehe ich eine Aufenthaltsmöglichkeit so nah an der Bühne, dass ihr jederzeit ins Spiel kommen, aber andererseits vom Publikum nicht gesehen werden könnt. Und der Saal ist der Teil, wo das Publikum sitzen wird.

Das Folgende muss also flexibel verstanden werden und voraussichtlich in mehr oder weniger großen Teilen der jeweiligen Realität angepasst werden.

Noch daheim

Bevor ihr zum Auftritt fahrt, überlegt euch, was ihr mitnehmen wollt oder sollt. Vielleicht etwas zu trinken? Halsbonbons? TicTacs für den Atem? Deo? Schweißpads? Klamotten, die ihr erst Vorort anziehen möchtet? Irgendetwas, was ihr sonst für den Auftritt braucht und vorher abgesprochen habt?

Ich persönlich halte es außerdem so, dass ich zuhause noch eine Kleinigkeit esse. Genug, um einen knurrenden Magen zu vermeiden, aber so wenig, dass ich nicht übersättigt und träge bin.

Dresscode

Jede Gruppe regelt das anders. Einige haben keinerlei Dresscode, andere investieren sogar in einheitliche Team-Shirts mit Logo. Im Prinzip ist es egal, was ihr tragt, Hauptsache ihr fühlt euch wohl und seid beweglich. So ein einheitliches Auftreten hat in meinen Augen durchaus einen gewissen Charme. Es ist Eigenwerbung und macht deutlich, dass ihr eine Einheit seid.

Auch wir haben einen kleinen Dresscode. Schwarze Stoffhose und unifarbenes Hemd/Bluse lautet unsere Devise. Teilweise sprechen wir uns farblich vorher ab. Hemd/Bluse hat für uns einen großen Vorteil: Es macht uns flexibler. Ein Hemd kann man auch mal komplett bis oben zuknöpfen, was sich für einen Pedanten anbietet. Ein cooler Charakter macht eher ein paar Knöpfe mehr auf oder stellt den Kragen hoch und ein tatkräftiger krempelt die Ärmel hoch. Wenn's mal schlampig sein soll, dann kann man ein Hemd einfach halb aus der Hose raushängen lassen.

Liebe Frauen, bitte verzichtet auf Röcke oder Kleider. Manchmal muss man sich auf den Boden werfen und wenn man dann nur damit beschäftigt ist Blicke abzuhalten, dann lenkt das doch sehr vom eigenen Spiel ab.

Tipp:
Wenn ihr schon mal alle geschniegelt und gestriegelt seid, dann nutzt das aus, um Team-Fotos zu machen. Seid dabei kreativ. Nur ein „Cheese" in die Kamera ist langweilig. Versucht mal alle wütend auf dem Foto auszusehen oder schaut alle in die gleiche Richtung, aber nicht in die Kamera oder geht alle in eine wilde Körperhaltung.

Vor dem Einlass

Noch bevor die ersten Besucher eintreffen, sollten alle Vorbereitungen beendet sein, sodass ihr eure Gäste persönlich begrüßen könnt. Ihr solltet daher alle, ggf. auch Moderator und Musiker, rechtzeitig bei der Bühne sein.

Bereitet die Bühne vor, wenn nötig. Sie sollte leer sein. Wenn ihr möchtet, könnt ihr euch zwei Spielstühle bereitstellen. Wenn es einen Backstagebereich gibt, dann macht euch mit dem vertraut. Wie kommt man von dort auf die Bühne? Gibt es eventuell die Möglichkeit die anderen bei ihren Spielen zu beobachten? Platziert dort eure persönlichen Gegenstände und Getränke. Ich empfehle euch auch einen Spielplan auszulegen, damit man während des Auftritts immer sehen kann, welches Spiel und welche Spieler als nächstes dran sind.

Sollte es keinen Backstagebereich geben, dann müsst ihr euch überlegen, wo ihr sitzen wollt. Das kann entweder im Saal sein, dann reserviert euch da feste Plätze, möglichst nahe an der Bühne. Alternativ und wenn der Bühnenbereich groß genug ist, finde ich es besser, wenn ihr rechts und links, ganz am Rand, Stühle für die nicht aktiven Spieler aufstellt.

Habt ihr einen Musiker, dann packt auch den möglichst auf die Bühne, sodass er einerseits vom Publikum gesehen werden kann, aber andererseits auch euch beim Spielen beobachten kann. Spielt eine leise Szene an und probiert aus, ob ihr auch in ganz hinten im Saal gut verstehbar seid. Bedenkt, dass ein voller Saal immer ein gewisses Grundrauschen hat und man daher noch lauter sprechen muss. Spielt auch eine Szene mit dem Musiker an. Auch hier sollte ganz hinten beides hörbar sein, aber wichtig ist dabei, dass ihr auf der Bühne auch noch euer eigenes Wort versteht. Sollte es eine Tontechnik geben, rechnet damit, dass es hier einige Experimente und somit Zeit braucht alles gut abzustimmen.

Spielt nicht mit Mikros. Handmikros schränken einen viel zu sehr in der Bewegung ein und auch ans Spiel mit Headsets muss man sich erstmal gewöhnen. Außerdem braucht es einen Tontechniker, der immer die jeweils benötigten freischaltet und auf eventuelle Rückkoppelungen reagieren kann. Nutzt stattdessen lieber die natürliche Kraft eurer Stimme.

Checkt die Möglichkeiten des Lichts. In einem Theater gibt es in der Regel auch eine professionelle Beleuchtung. Oft kostet ein Lichttechniker aber zusätzliches Geld und muss gestellt werden. Für einen Auftritt reichen im Prinzip zwei Lichtvarianten und die kann man auch selbst steuern und die sind auch oft in einfachen großen Räumen umsetzbar.

a) Bühne und Saal sind beleuchtet
   Das ist der Standard vor und nach dem Auftritt und in der Pause
b) Nur die Bühne ist beleuchtet
   Diese Lichtvariante kommt natürlich während des Auftritts zum Einsatz

Solltet ihr tatsächlich die Möglichkeit haben richtige Lichttechnik zu verwenden, dann wird der entsprechende Techniker ebenfalls zu einem Improspieler, denn er kann, je nach Inhalt der dargestellten Szenen, mit der farblichen Beleuchtung spielen. Wenn er das nicht kann oder möchte, dann verzichtet auf farbiges Licht komplett oder lasst es so einstellen, dass der hintere Bereich dezente farbige Akzente hat, der Hauptspielbereich aber neutral gehalten ist. Das passt dann für alles.

Vergesst nicht den Kassierer, bewaffnet mit Wechselgeld und Stempel, rechtzeitig in der Nähe des Eingangs zu platzieren. Dann seid ihr mit den Vorbereitungen durch und könnt erstmal entspannen.

Vor dem Auftritt

Begrüßt gerne eure Gäste persönlich, gesellt euch zu ihnen. Macht was euch entspannt und vielleicht ablenkt. Versucht den Abend zu genießen.

Behaltet aber die Uhr im Blick. Etwa 30 Minuten vor Beginn der Show solltet ihr euch alle fertig vorbereitet im Backstagebereich oder in einem vom Publikum abgetrennten Raum treffen, um euch gemeinsam und aufeinander einzustimmen. Auch Musiker und/oder Moderator sollten dabei sein.

Macht ein paar einfache Lockerungsübungen (siehe Kapitel ‚Ablauf eines Trainings‘) als WarmUp. Zusätzlich möchte ich euch hier noch zwei Übungen vorstellen, die einerseits eure Energie pushen werden und euch andererseits in eine gemeinsame Schwingung versetzen. Klingt esoterisch? Funktioniert aber. Wir machen diese Übungen vor jedem Auftritt.

WarmUp Daduda

Stellt euch im Kreis auf. Der erste Spieler sagt dann ein Wort und der zweite ergänzt es assoziativ. Danach wiederholt die ganze Gruppe die Wortkombination und fügt noch „Daduda“ an. Dann wiederholt sich das Ganze mit Spieler 4 und Spieler 5, danach wieder die Gruppe usw.

Beispiel (hier mit 3 Spielern):

Spieler A: „Haus“

Spieler B: „Tür“
Alle: „Haustür Daduda“

Spieler C: „Zahn“
Spieler A: „Seide“
Alle: „Zahnseide Daduda“
Usw.

Wichtig ist der gleichmäßige gemeinsame Rhythmus. Nutzt dafür gerne die Arme und schwingt oder schnippst im Takt mit. Es darf nicht stocken. Denkt nicht nach, welche Wörter inhaltlich zusammenpassen. Haut raus, was euch in den Sinn kommt. Es gibt kein Falsch. Es ist normal, dass immer öfter unsinnige Wortkombinationen wie „Haarwerfen“ entstehen. Wenn ein Spieler eine Blockade hat und nur „Äh“ stammelt oder sich verspricht, dann können auch Wortkombinationen wie „Pflau-Äh“ entstehen. „Pflau-Äh Daduda“.

Beginnt langsam und steigert nach und nach das Tempo. So lange, bis alle nur noch stammeln. Euer Energielevel wird dann am Maximum sein und der Kopf so befreit, dass ihr offen für alles seid.

WarmUp 21

Diese Übung sollte die Letzte vor dem Auftritt sein. Hier geht es darum nochmal still und konzentriert zu werden und eigene und fremde Impulse zu spüren. Stellt euch dafür wieder im Kreis auf und beugt euch vor, so dass ihr euch nicht in die Augen sehen könnt. Schließt sie am besten für größtmögliche Konzentration.

Ziel ist es nun gemeinsam von 1 bis 21 zu zählen. Einer sagt „1“ und sobald jemand den Impuls verspürt die nächste Zahl zu nennen, dann tut er das. Haben allerdings zwei oder mehr Spieler den gleichen Impuls und sei es auch nur ansatzweise, beginnt es wieder bei 1.

So einfach die Regeln in der Theorie sind, so schwer und zäh kann es in der Praxis werden. Ich habe schon perfekte Runden ohne Neustarts erlebt, aber auch solche, wo man die 21 nicht mal annähernd erreichen konnte. Sollte es auch bei euch gar nicht klappen wollen, dann ändert das Ziel auf eine kleinere Zahl.

Nach diesen beiden Übungen solltet ihr eine hohe positive Energie, gepaart mit konzentrierter Aufmerksamkeit in euch tragen. Die idealen Bedingungen, um den Auftritt zu starten.

Auftritt

> Verhaltet euch immer unauffällig und neutral, solange ihr nicht aktiv in einer Szene spielt.

Wie oben schon gesagt, jede Show ist anders und somit natürlich jeder Auftritt. Ich berichte euch an dieser Stelle, wie es bei uns abläuft und erkläre, warum wir das so machen. Holt euch daraus gerne Anregungen und passt sie für euch entsprechend an.

Das Publikum sitzt nun also entspannt im Saal und eure Aufregung steigt immer weiter an. Es soll endlich losgehen. Wir haben einen Musiker. Den schicken wir zuerst auf die Bühne, aber ohne groß Aufmerksamkeit zu erzeugen, sprich er stellt sich nicht vor, sondern packt sein Instrument und beginnt einfach irgendetwas zu spielen. Gleichzeitig geht das Licht im Saal aus und das Publikum schaut zum Musiker. Vielleicht gibt es auch schon den ersten Applaus. Die Show kann beginnen.

Warum zuerst der Musiker? Er ist der Kontrast zu den Gesprächen im Publikum. Er erzeugt zwar Aufmerksamkeit, fordert aber noch keine zu hohe Konzentration ein, so dass die Gäste noch in Ruhe ihr Gespräch abschließen und vielleicht noch ihre Stühle zurechtrücken können etc.

Einige Augenblicke später tritt der Moderator, immer noch begleitet von der Musik, auf die Bühne und beginnt den Abend zu moderieren. Zuerst wird das Publikum begrüßt und dann der Musiker kurz vorgestellt, weil er ja eh schon da ist. Dann beginnt die längste Phase der Moderation. Sie beinhaltet einen kleinen Dialog mit dem Publikum. Es geht dabei darum, ob alle überhaupt wissen, was Improtheater ist, ob jemand euch bereits kennt (falls ihr schon mal einen Auftritt hattet). Es gibt ein paar organisatorische Infos und einige WarmUp-Übungen mit dem Publikum. Tipps und Tricks dazu gibt's im nächsten Kapitel -> ‚Anmoderation'.

Dann ist euer großer Moment. Der Moderator ruft jeden Spieler einzeln mit Namen auf die Bühne. Der jeweilige Spieler geht in die Bühnenmitte, verbeugt sich vor dem applaudierenden Publikum und stellt sich dann ruhig und ohne Show an den Bühnenrand.

Sind alle Spieler auf der Bühne, erklärt der Moderator den Ablauf des ersten Formats und holt eine passende Vorgabe ein. Der Moderator zählt dann gemeinsam mit dem Publikum ein und ihr legt los.

Nach jedem Spiel nehmen sich alle, die mitgespielt haben, an der Hand, machen gemeinsam einen Schritt aufs Publikum zu und verbeugen sich erneut.
Während der Moderator nun eine hoffentlich charmante Überleitung zum nächsten Format findet, gehen die, die dabei nicht mitspielen werden in den Backstagebereich oder auf die vorher festgelegten Sitzplätze.

Solltet ihr länger als eine Stunde spielen, dann plant eine Pause ein. 15-20 Minuten sind da gängig. Der Moderator sollte das entsprechend kommentieren und falls ihr danach das Zettelspiel auf der Liste habt, sollte er das Publikum auffordern die Zettel in der Pause zu beschriften, einmal zu falten und in den bereitgestellten Behälter geben.

Ihr selbst habt in der Pause keine ToDos. Jeder nutzt die Zeit anders. Manche gehen ins Publikum, zu ihren Bekannten und holen sich schon das erste Lob ab. Manche möchten sich kurz umziehen, vielleicht eine Kleinigkeit naschen oder eine Zigarette rauchen. Was auch immer euch entspannt ist gut und richtig. Findet euch nur rechtzeitig wieder im Backstage bzw. auf euren Plätzen ein.

Nach der Pause beginnt es wie am Anfang der Show. Wieder startet der Musiker, um Ruhe ins Publikum zu bekommen, bevor der Moderator dann wieder übernimmt, kurz Smalltalk mit dem Publikum führt, um dann ins nächste Spiel, zum Beispiel ins Zettelspiel zu starten.

Irgendwann ist es dann vorbei. Ihr habt eure letzte Geschichte gespielt und den letzten Beifall bekommen. Der Moderator wird euch nochmal alle einzeln nach vorne rufen und ihr bekommt einen ganz persönlichen Applaus. Bei manchen wird er lauter sein, bei anderen „nur“ normal.

Bedenkt aber: Das Publikum applaudiert denjenigen am lautesten, die am einprägsamsten waren, die vielleicht in einer besonderen Szene dabei waren oder einen auffälligen Charakter gespielt haben. Das bedeutet aber keineswegs, dass die anderen nicht so gut waren. Oft braucht es die unauffälligeren Charaktere, damit andere überhaupt stärker in den Fokus rücken können. Sowas kann das Publikum kaum erkennen. Bitte seht daher jeden Einzelapplaus auch als Anerkennung für alle. Natürlich ist der Applaus auch stärker, wenn viele Familienangehörige oder Freunde im Publikum sitzen.

Der Moderator wird sich dann auch beim Musiker bedanken und irgendwer aus eurer Gruppe sollte dann auch noch dem Moderator danken und für ihn einen extra Applaus einfordern.

Dann geht ihr ab. Sollte noch geklatscht werden, wenn der letzte von der Bühne ist, dann dreht sofort um, geht wieder vors Publikum, nehmt euch alle an den Händen und verbeugt euch nochmal gemeinsam. Vielleicht gibt es jetzt die ersten Rufe nach einer Zugabe. Dann hoffe ich, dass ihr noch irgendein Format in Petto habt, das der Moderator dann wie üblich anmoderiert.

Wollt ihr keine Zugabe mehr spielen, dann verabschiedet sich der Moderator in eurem Namen mit einer finalen Formulierung. Zum Beispiel wünscht er allen eine gute Heimfahrt oder bietet an noch zum gemeinsamen Unterhalten hier zu bleiben.

Ihr habt es geschafft!

Nach dem Auftritt

Versammelt euch nochmal kurz im Backstage und tauscht euch ganz ungezwungen aus. Was lief besonders gut, was verursachte unabsichtliche Lacher. Konzentriert euch auf das Positive. Für Selbstkritik ist später auch noch Zeit. Ihr habt etwas geleistet, das sollte jetzt im Fokus stehen.

Vergesst nicht die Kasse wieder in euren Besitz zu übernehmen, damit der Kassierer von seiner Verantwortung befreit wird. Richtet, wenn nichts anderes vereinbart wurde, den Raum wieder so her, wie ihr ihn vorgefunden habt. Wart ihr in einer gastronomischen Lokation, fragt den Betreiber, wie er euch fand und ob sich der Abend auch für ihn gelohnt hat und gerne auch, ob ihr vielleicht mal wieder dort auftreten dürft.

Und dann feiert euch selbst, zusammen mit euren Gästen. Die After-Show-Partys können manchmal lang gehen. Genießt es, wenn das Adrenalin langsam im Körper wieder abgebaut wird.

Anmoderation

Wie versprochen noch ein paar Tipps zur Anmoderation. Ich persönlich denke, dass ihr oft viel zu wenig Beachtung geschenkt wird, obwohl sie großen Einfluss auf den Verlauf einer Show und die Laune beim Publikum und bei den Spielern hat. Moderation ist mehr, als nur begrüßen, ein Spiel nach dem anderen ansagen und schließlich verabschieden. Moderation beinhaltet auch eine Menge Entertainment.

Ich möchte es mal mit „Wer wird Millionär" vergleichen. Warum ist diese Sendung so erfolgreich, dass sie bereits seit 1999 zur Primetime ausgestrahlt wird? Im Prinzip geht ja nur um einen Menschen, der bis zu 15 Fragen beantworten muss und in den seltensten Fällen das auch schafft. Klar, die Auswahlfrage ganz zu Beginn und die drei bzw. vier Joker bringen etwas Abwechslung rein, aber sonst doch eigentlich sehr eintönig. Theoretisch könnte man auch einfach einen Menschen filmen, wie er vor einem Computer sitzt und jeweils A, B, C oder D anklickt. Das fänden wir aber vermutlich alle sehr langweilig und würden schnell wegschalten.

Was ist also der Unterschied? Klar, der Moderator und in diesem Fall besonders Günther Jauch, der in den Augen des Publikums perfekt zur Themenkombination Wissen und Geld passt. Er nutzt drei Varianten, um seine Sendung zu etwas Besonderem zu machen

a) Er tritt mindestens 3x mit seinem Kandidaten in die persönliche Ebene, indem er die Begleitperson anspricht, eine Aussage, die der Kandidat vorab angegeben hat, diskutiert und gegen Ende mit der Frage, was mit der Gewinnsumme geplant ist
b) Dann gibt es da natürlich die Joker, bei denen es unter anderem zu Interaktion mit dem Publikum und eines Telefonkontakts kommt
c) Er versteht es mit seinem Kandidaten zu spielen. Nicht nur das Quiz, sondern auch drum herum. Er fordert ihn, ärgert ihn manchmal, der Kandidat wird verunsichert, aber andererseits hilft er auch mal, nimmt die Nervosität und ist einfühlsam.

Besonders der letzte Punkt ist auch im Rahmen einer Impromoderation äußerst hilfreich und sinnvoll. Die Interaktion auf persönlicher Ebene mit dem Publikum und den Spielern kann den entscheidenden Unterschied zwischen einer normalen und einer richtig guten Show machen.

Zu Beginn der Show kommt der Moderator also auf die Bühne und sollte nach einer kurzen Vorstellung erstmal abfragen, ob alle wissen was Improtheater ist und es ggf. erklären, ob jemand schon mal euch auf der Bühne gesehen hat. Danach gilt es einen Schwung Themen abzuarbeiten:

- Duzen oder Siezen
  In der Regel duzt man sich beim Improtheater aber die Höflichkeit gebietet es, sich dafür das Ok vom Publikum abzuholen. Also: Fragen ob es ok ist, wenn man duzt und falls jemand was dagegen hat, dann diese Person bitten sich einfach vorzustellen, dass sie gesiezt wird. So ähnlich, wie ich es in meinem Vorwort auch mache.

- Erklären was ein Black ist…
  … und warum es das braucht. Man kann das Publikum scherzhaft auffordern die Augen für 2 Sekunden zu schließen, wenn die entsprechende Geste kommt. So wird das Black zu einem echten Verdunkeln der Bühne.

- Vorgaben üben
  Erklären, dass der Moderator oder die Spieler immer wieder nach Vorgaben aus dem Publikum fragen werden. Es bietet sich an, das zu üben, denn man kann dort einen kleinen psychologischen Trick einbauen. Zunächst fragt man das Publikum nach deren Vorname und lässt sie gleichzeitig antworten. Ein unverständlicher Mix aus Namen wird kommen. Als nächstes fragt man nach der Leibspeise, auch hier wird ein Durcheinander an Antworten kommen. Die letzte Frage geht nach einem Werkzeug und - oh Wunder - der Raum wird nahezu einig „Hammer“ rufen. Wetten?
  Man kann dann charmant frech das Publikum auffordern, später bei den richtigen Vorgaben doch etwas kreativer zu sein.

- Demografie
  Immer wieder interessant ist abzufragen woher die Leute kommen und wie alt sie sind. Zumindest nach den Extremen kann man fragen. Also zum Beispiel: Ist jemand älter als 40? Oder älter als 50, 60 usw.

Analog kann man das auch über die Anreise machen. Wer lebt mehr als 50km entfernt? Mehr als 100km usw.

Bestimmt fallen euch noch andere Dinge ein, die man zusammen mit dem Publikum als WarmUp machen kann. Seid kreativ und wenn ihr frech seid, dann auf eine charmante und nicht beleidigende Art und Weise.

Ziel der Anmoderation ist es, neben dem spielerischen Vermitteln von Hard Facts, das Publikum in eine gute Laune zu versetzen und sie neugierig auf die Show und euch Spieler zu machen.

10 Gebote

Als in unserer Gruppe zwei Neueinsteiger das erste Mal mit auf die Bühne sollten, war nicht nur die Aufregung groß, sondern es gab auch viele Unsicherheiten. Daher habe ich ihnen kurz vor dem Auftritt die folgenden 10 Gebote zusammengestellt. Die kamen derart gut an, dass ich sie euch nicht vorenthalten möchte.

Inhaltlich ist alles und vieles mehr in den vorherigen Kapiteln ausführlich behandelt worden.

1. Entspannen
   Es gibt keinen Grund Panik zu schieben. Wir sind ein Team, wir helfen uns gegenseitig. Wir werden alle aufgeregt sein, aber dank Adrenalin wird es keine Hänger geben. Wenn doch, seid euch sicher, dass notfalls immer irgendwem etwas einfällt.
2. Weniger reden
   Stellt eure Emotionen, Launen, Stimmungen, Gefühle körperlich dar. Das ist fürs Publikum spannend zu sehen und in der Zeit fällt euch dann auch sicher ein guter Text ein.
3. Ausreden lassen
   Auch wenn euch das Adrenalin mit vielen tollen Ideen überschütten wird, haltet euch zurück, lasst die anderen Mitspieler zu Wort kommen und ausreden, auch sie haben das Recht Ideen einzubringen.
4. Angebote annehmen
   Jeder hat am Beginn einer Szene seine ganz eigene Idee. Wenn diese nicht übereinstimmen, seid nicht zu stolz euren Einfall auch loszulassen, um den Spielpartner zu unterstützen. Nicht destruktiv sein, nichts abwürgen.
5. Größer machen ("Da geht noch mehr")
   Das funktioniert immer. Spielt ihr traurig, dann werdet auch mal depressiv/verzweifelt in eurer Trauer, spielt ihr euphorisch, dann treibt das Gefühl bis in den Wahnsinn etc. Nutzt Übertreibungen (Der Adventskranz brennt, dann der Vorhang, das ganze Haus, die Siedlung, die Stadt, die Erde wird zu einem einzigen Feuerball)
6. Gefühle für/gegen alles
   Gefühle beziehen sich nicht nur auf eure Mitspieler, sondern auch auf die Dinge die ihr habt. Seid ihr verliebt, dann seid auch in euren

Spaten verliebt oder in die Blumen in einer Gärtnerei. Man kann auch Stifte hassen, einen Schreibtisch erotisch finden oder panische Angst vor einer Gießkanne haben etc.

7. Das Publikum will euch sehen
   ...im Normalfall von vorne. Daher immer dem Publikum zugewandt stehen. Platziert zum Beispiel Regale und Schränke etc. nicht hinten an der Wand, sondern zwischen euch und dem Publikum.
8. Den Raum nutzen
   Wir neigen alle dazu immer auf einem Haufen zu stehen oder uns hinterher zu laufen. Versucht die ganz Bühne auszunutzen. Zum Beispiel holt Gegenstände nicht direkt in eurem Umfeld, sondern von dort, wo grad niemand auf der Bühne ist. Wenn ihr aufgeregt, wütend, nervös seid, dann stapft doch mal quer über die Bühne.
9. Ein Ende finden
   Niemand sollte von außen die Szene beenden müssen. Versucht selbst ein Ende zu finden indem ihr einfach bleibt. Für alle Spiele gilt im Wesentlichen: Etablieren, Problem aufbringen, Problem lösen und Ende finden.
10. Laut sprechen
    Wir haben keine Mikros und wenn viele im Publikum sitzen und der Musiker etwas spielt, dann geht die Stimme schnell unter. Man kann auch laut flüstern, probiert es mal aus.

Epilog

Hurra! Ihr habt bis zum Ende durchgehalten. Spätestens jetzt seid ihr sicher ebensolche Fans von Improtheater, wie ich. Wenn ihr euch von meinen Anregungen inspirieren lasst, meine Tipps und Tricks beherzigt und deshalb mit einer anderen Einstellung und Motivation in die nächsten Trainingssessions geht, dann hat dieses Improbook sein Ziel erreicht.

Wusstet ihr eigentlich, dass Improtheater nicht nur ein tolles Hobby ist? Nein, es hilft euch auch im alltäglichen Privat- und Berufsleben, denn es schult nicht nur die Spontanität und Kreativität, sondern macht es euch auch leichter, euch in die Sichtweise von anderen hinein zu versetzen. Ihr werdet nicht (mehr) mit einem Tunnelblick durchs Leben gehen, sondern flexibel und schlagfertig auf unvorhergesehene Ereignisse reagieren. Im Endeffekt reduziert es damit Stress und setzt positive Energie frei.

Welches Hobby kann schon solch beeindruckende Nebenwirkungen aufweisen?

Ich finde, man sollte sowohl im Job als auch im Privaten mehr improvisieren, aber ohne sich dabei wie ein Luftikus zu verhalten. Genauso wie die verschiedenen Spielformate immer eine gewisse Grundstruktur und Regeln haben, braucht es das im Leben natürlich auch. Einfach nur planlos und improvisiert den Tag zu durchleben wird nicht funktionieren, denn:

„Ohne Plan ist Improvisieren Chaos, aber ohne Improvisieren endet jeder Plan im Chaos.

Impressum

ISBN: 9798696093055

Herausgeber & Autor:
Michael Geyer, Franz-Inselkammer-Str. 2, 85653 Aying

Drucker:
Amazon Media EU S.à r.l., 5 Rue Plaetis, L-2338, Luxembourg

Grafiken:
Michael Geyer & Evelyn Marker

Lektorat:
Evelyn Marker

Cover:
Foto von cottonbro von Pexels

www.ingramcontent.com/pod-product-compliance
Lightning Source LLC
LaVergne TN
LVHW050320160826
845677LV00014B/3498